Time-out

FSC
www.fsc.org
MIX
Papier aus verantwortungsvollen Quellen
Paper from responsible sources
FSC® C105338

TORSTEN KRONE

Time-out

Die große Hausbootrunde durch

Mecklenburg und Brandenburg

Informationen zum Hausbootfahren und Kontakt:

www.hausboot-smalltalk.de

kontakt@hausboot-smalltalk.de

Bibliografische Information der Deutschen Nationalbibliothek:

Die Deutsche Nationalbibliothek verzeichnet diese Publikation in der Deutschen Nationalbibliografie; detaillierte bibliografische Daten sind im Internet über http://dnb.dnb.de abrufbar.

Bilder und Grafiken: Torsten Krone

Satz, Layout und Umschlaggestaltung: einszweidreibuch.de

Herstellung und Verlag: BoD – Books on Demand, Norderstedt

ISBN: 978-3-7322-9310-0

Inhalt

Hinweis zu Videos von der »Großen Runde«

Auf der Webseite

www.hausboot-smalltalk.de/bildergalerien/die-große-hausbootrunde/videos-zur-großen-runde/

können Sie kurze Videos zu einzelnen Tourabschnitten ansehen. Bei den Grafiken im Buch finden Sie einen entsprechenden Hinweis, welches Video für das jeweilige Revier zur Verfügung steht.

Eine Tonne auf dem Kölpinsee

Video 01: Auf den großen Seen

Vom Hausbootfahren erzählen

Time-out. Nein, die Zeit war nicht abgelaufen, obwohl es uns in einigen Momenten unserer Reise so vorkam, sondern wir nahmen eine Auszeit und »Time-out« war der Name des Schiffs, mit dem meine Frau und ich drei Wochen unterwegs waren. Welcher Bootsname hätte besser zu diesem Urlaubstörn passen können?

Mit neun Metern Länge und drei Metern Breite war das Boot Wasserfahrzeug und Unterkunft für die spannendste Hausboottour, die wir bisher unternommen hatten. Unser Ziel war es, die »Große Runde« durch Mecklenburg und Brandenburg in einer einzigen Reise zu schaffen, denn in diesem Hausbootrevier ermöglicht der Verlauf von Havel, Elbe und Elde einen Rundkurs, ohne die Wasserwege auf einer Hin- und Rückfahrt doppelt zu befahren.

Zahlreiche Reisen auf den Binnengewässern in mehreren Ländern Europas haben uns gelehrt: Eine Fahrt mit dem Hausboot ist immer wieder ein Abenteuer, vielleicht eines der wenigen, das Sie ohne spezielle Ausrüstung oder zwingende Vorkenntnisse eingehen können. Entdecken Sie verträumte Flüsse, Kanäle und Seen, fahren Sie mit dem Boot durch die Städte, die am Wasser liegen und steuern Sie kulturelle Sehenswürdigkeiten an, wie die Gondoliere in Venedig. Gehen Sie mit Ihrer Crew auf Entdeckerfahrt und spüren Sie, wie sich die Wahrnehmung ändert, sobald Sie den Schritt vom Land auf das Boot gewagt haben. Wo bleibt das Abenteuer, werden Sie fragen? Es kommt schneller, als Sie denken. Es wartet vielleicht schon an der Hafenausfahrt, wenn Sie die nächste Markierungstonne im See suchen, an der nächsten Schleuse, dem anvisierten Liegeplatz oder der nächsten Brücke, deren Öffnung Sie anfordern müssen. Jedes Frühstück ist ein kleines Abenteuer, mit unbekannten Ausblicken nach draußen und einer Spannung, dass alle Geräte an Bord funktionieren, wie sie sollen, was natürlich in den meisten Fällen zutrifft. Dennoch ist es immer wieder ein neues Erlebnis und nichts ist alltäglich. Die Einweisung bei der Bootsübernahme vermittelt Ihnen die wesentlichen Grundkenntnisse für die

Bootstour, sie kann aber nicht alle möglichen Situationen vorhersehen. Deshalb ist es durchaus hilfreich, die Erfahrungen anderer zu kennen und in die eigenen, spontan notwendigen Entscheidungen einfließen zu lassen.

Wenn Sie Ihre erste Hausboottour planen, werden Sie sich wahrscheinlich nicht gleich diese große Runde vornehmen, zumindest würde ich das nicht empfehlen. Nun mag es sein, dass unsere Fahrt besonders dramatische »Höhepunkte« hatte, soviel Abenteuer wünsche ich Ihnen lieber nicht, aber auf einer solchen langen Reise können Ereignisse eintreten, die Ihre Planungen durcheinanderbringen. Im schlimmsten Fall sind Sie, wie bei mancher früheren Seefahrt der großen Entdecker, zur Umkehr gezwungen, denn Sie müssen irgendwie zum Ausgangshafen zurückkommen. In unserem Fall waren wir in Plau am See aufgebrochen, hier musste das Boot spätestens am letzten Tag wieder festgemacht werden. Die Wasserwege bieten nicht so viele Ausweichstrecken wie auf der Straße, wenn ein Abschnitt nicht befahrbar ist, oder eine Schleuse wegen Havarie gesperrt wurde. Ein solches Problem wurde uns fast zum Verhängnis und hat uns kurzzeitig alles abverlangt. Wir haben das Risiko gewählt und Glück gehabt. Für uns war es ein besonderes Abenteuer.

Dies sei schon genug der Vorrede. Ich möchte Sie gleich mit auf unser Boot nehmen und von den Erlebnissen eines Tages auf dem Hausboot erzählen. Wie so oft sind es die kleinen Dinge, faszinierende Blickwinkel, Marinas und Anleger oder berührende, manchmal auch unerwartete Geschichten und Begegnungen mit anderen Menschen und der regionalen Kultur. Von den weiteren Vorbereitungen zur Reise erfahren Sie später in diesem Buch.

Ein Hausboottag zwischen Fürstenberg und Liebenwalde

Vor jeder neuen Reise fiebern wir dem Augenblick entgegen, endlich auf dem Wasser zu sein. Wir wollen das leichte Schaukeln des Bootes wahrnehmen, den Wind spüren und das Steuer in die Hand nehmen, während die Welt an Land zurückbleibt. Ich beginne deshalb den Reisebericht mit einem typischen Hausboottag an einem Morgen in Fürstenberg am östlichen Ende der Kleinseenplatte. Bis dahin lagen schon drei Bootstage an Bord hinter uns, die wohltuende Gelassenheit des Hausbootfahrens hatte sich auf unseren Tagesrhythmus gelegt und diesem eine eigene, hausboottypische Dynamik gegeben.

Um überhaupt auf das Wasser zu kommen, bedarf es der Reiseplanung, der Buchung, Anreise und Bootsübernahme, der Einweisung mit den Formalitäten, dem Packen der Sachen und dem Einkauf der Lebensmittel. Die chronologische Reihenfolge mit meinen persönlichen Erfahrungen hole ich später nach. Lassen Sie uns gedanklich auf der Landkarte in den Nordosten Deutschlands an den nördlichen Rand Brandenburgs wandern, auf den Schwedtsee zum Anleger am Yachtclub Fürstenberg an der Havel.

Wir waren am Abend zuvor nach einer langen Fahrt recht spät angekommen, bereiteten das Abendessen aus den Vorräten der Bordküche und verkrochen uns mit der Dämmerung über dem See in die Koje. Es war wie immer beim Hausbootfahren faszinierend, wie schnell sich der Körper dem natürlichen Rhythmus von Tag und Nacht angepasst hatte. Wurde es dunkel, zwang einen die Müdigkeit unweigerlich zur Nachtruhe, die ersten Sonnenstrahlen sorgten meist für ausgeschlafene Aktivität.

So war es auch am nächsten Morgen. Als ich erwachte, schien die Sonne durch den Zugang in unsere Achterkabine. Die Uhr zeigte 06:30 Uhr, eine Zeit, zu der man im Urlaub gewöhnlich nicht aufsteht. Meine Frau neben mir, atmete ruhig in tiefem Schlaf. Von außen drang kein Geräusch ins Boot, obwohl das Verdeck über dem Fahrstand ähnlich einem Zelt kaum Schallschutz bot. Am Anleger des Yachtclubs herrschte absolute Ruhe, ich verspürte keinen Wellenschlag auf dem Schwedtsee. Sehr häufig legt sich in der Nacht der Wind auf den Seen und lässt die abends noch schwabbernde und nach allen Seiten schaukelnde Wasserfläche zu einem glatten Spiegel werden. Es war ein eigenartiges Gefühl, wenn man sich bewusst machte, dass wenige Zentimeter unter dem Bett Wasser war, welches mit beruhigenden zwei Metern Tiefe das Boot über dem Grund hielt.

Da wir nur zu zweit unterwegs waren, hatten wir ein kleineres Schiff gemietet. In der Kajüte am Heck befand sich dennoch ein ausreichend großes Doppelbett, vor dem es einen schmalen Gang, eher nur eine Trittfläche, gab. Dahinter boten Einbauschränke Stauraum für Kleidung und Ablagefläche unterhalb kleiner ovaler Fenster. Bei einem hatten wir die dichte Scheibe gleich am ersten Abend gegen einen luftdurchlässigen Gageeinsatz ausgetauscht. Auf der Backbordseite gab es ebensolche Fenster, sodass ein wenig Luft in die Kabine kam. Der Platz in der Höhe war stark eingeschränkt. Im Bett konnte man gerade so sitzen, stehen war in der Kajüte nur an der Stelle möglich, wenn die Klappe für den Ausstieg zum Mittelschiff offen war. Am Fußende war die Decke noch niedriger. Es geht an Bord meistens campingähnlich eng zu. In der Koje will man aber üblicherweise liegen, dafür war der Platz allemal ausreichend.

Das Sommerwetter hatte sich bisher von der besten Seite gezeigt und wir hatten uns angewöhnt, nachts die halbhohe Ausstiegstür und die Klappe offenzulassen. Das verhalf nicht nur zu nächtlich kühler Frischluft, die Kajüte wirkte auch geräumiger.

Kurze Zeit später ließ mich der Gedanke an den bevorstehenden Hausboottag nicht länger im Bett liegen. Ich krabbelte aus der hinteren Ecke nach vorn. Meine Frau zog die Decke über sich, wohl wissend, dass ich sie wecken werde, wenn das Frühstück fertig ist. Diese Aufgabenverteilung hat sich bei uns im Urlaub an den meisten Tagen zu einer bewährten Tradition entwickelt. Von der Achterkabine gelangte ich zum Fahrstand, unter dem sich der Motorraum befand, und von da über eine zweite Treppe hinab in den Salon im Bug des Bootes. Hier gab es einen Sitzplatz, eine kleine Küche und ein abgetrenntes Minibad sowie diversen Stauraum. Im Bereich der Küche war die Stehhöhe ausreichend. Die räumliche Aufteilung in zwei getrennte Wohnbereiche war der notwendigen Unterbringung des Motors im Mittelschiff geschuldet. Der Vorteil bestand in diesem Moment darin, dass ich im Küchenbereich werkeln konnte, ohne die Träume meiner Frau zu stören. Nachteilig war freilich die Kletterei, vor allem wenn man nachts die Bordtoilette aufsuchen musste. Die Aufteilung ist bei jedem Bootstyp anders und immer ein Kompromiss.

Als erstes setzte ich Kaffee an. Die Kaffeemaschine war nicht die schnellste, bot aber die Bequemlichkeit einer elektrischen Maschine wie zu Hause. Die Zeit ließ sich gut mit einem Besuch der Sanitäreinrichtungen des Yachtclubs überbrücken, die mehr Komfort boten als die kleine Badzelle mit Toilette und Waschbecken an Bord. Um diese frühe Uhrzeit hatte man Ruhe und freie Duschen in den Einrichtungen der Häfen. Nach der Rückkehr bereitete ich noch die Frühstückseier auf dem Gasherd und verlieh den Brötchen mithilfe des Toasters eine bäckerähnliche Knusprigkeit. Da das Boot mit Landstrom versorgt wurde, konnte ich alle nötigen elektrischen Geräte zum Einsatz bringen. Die restlichen Frühstückszutaten kamen aus dem Kühlschrank. Es war Zeit, meine Frau zu wecken, die aber bereits im Bett liegend in einigen Reiseprospekten blätterte.

Inzwischen war es halb Acht, wir frühstückten in Ruhe im Salon des Vorschiffs an einem Tisch, der von Sitzbänken umgeben war. Bei Bedarf ließ er sich absenken und man konnte die Sitzecke zu einer Liegefläche für zwei weitere Crewmitglieder umbauen. Wir waren froh, nur zu zweit zu sein. Egal bei welcher Bootsgröße sollte man den Salon nur im Notfall als Schlafplatz einplanen. Besonders bei diesem Boot wäre es mit vier Personen wirklich eng geworden. Eine gewisse Sportlichkeit war ohnehin unausweichlich, weil man beim Weg von vorn nach hinten und zurück immer die Stufen auf- bzw. absteigen musste.

»Heute befahren wir ein Stück Neuland, wo wir noch nicht unterwegs waren«, stelle ich erwartungsvoll fest.

»Dann wollen wir mal keine Zeit verlieren«, entgegnete meine Frau. »Abwaschen können wir später.«

Wir waren nicht das erste Mal auf diesen Gewässern mit dem Hausboot unterwegs. Das hat mitunter Vorteile, da man weiß, was einen erwartet. Dennoch übt unbekanntes Fahrwasser einen besonderen Reiz aus. Es weckt den Entdeckerdrang, erhöht die Spannung und überrascht mit neuen Ansichten hinter jeder Biegung. Uns fasziniert immer wieder die Vielfalt und Kurzweiligkeit der Gewässer, wenn ein schmaler Kanal in einen See mündet. Dann öffnet sich die Wasserfläche und begeistert mit einer nicht erwarteten Weite, um sich am Ende des Sees erneut in die Idylle eines gewundenen Flussverlaufs mit dicht bewachsenen Ufern zu verwandeln. Manchmal ist es auch die Neugier, wenn man im Unterlauf der Schleuse noch nicht auf den weiteren Wasserweg blicken kann, bis das einströmende Wasser das Boot angehoben hat und sich die Tore für die Ausfahrt öffnen. Wir lieben die Momente des Aufbruchs, den Beginn einer neuen Tagestour.

Das Geschirr kam in die Spüle, die Lebensmittel zurück in den Kühlschrank, der Platz auf dem Tisch wurde für andere Dinge benötigt. Die Vorbereitung des Bootes zum Ablegen war bereits Routine geworden. Sie erinnert mich immer ein wenig an den Film »Das Boot«, auch wenn wir nicht ins »Gefecht« zogen. Aber alles was der Gemütlichkeit des Morgens oder des vorangegangenen Abends entstammte, musste weggeräumt werden. Jetzt waren die technischen Dinge für die Fahrt gefragt. Gewässerkarte, Hafenführer und Fernglas kamen nach oben in Griffweite vom Steuerrad. Sie sind wichtige Hilfen selbst auf Kanälen und Flussläufen, auf denen man das nahe Ufer immer in Sichtweite hat. Dazu gehörte das Bordbuch mit Stift ebenso wie geeignete Mützen gegen die Sonne, die an diesem Tag wieder kräftig scheinen sollte. Auch die Fototechnik bekam griffbereit ihren gewohnten Platz. Der Campingtisch und die zwei Stühle auf dem Fahrstandsdeck stammten noch vom Abendbrot des Vorabends und wurden ebenfalls zusammengebaut. Dafür erhielt ein erhöhter Klappstuhl seine Aufstellung neben dem Fahrersitz. Damit konnten wir beide sitzend über das Vorschiff blicken.

Die Persenning, ein Faltdach, das den ganzen Fahrstand umschloss, hatten wir bereits an den Seiten geöffnet. Für eine bessere Sicht und frische Luft hatte es sich bewährt, auch den vorderen Teil zu öffnen sowie die bewegliche »Heckscheibe« des Verdecks nach oben zu rollen, sodass nur kleine Seitenteile und ein Mittelstück vom Dach das Gestänge an der richtigen Position hielten. Prinzipiell ließ sich relativ leicht die ganze Abdeckung abbauen und das Boot gewissermaßen zum Cabrio machen. Die Sonne brannte dann allerdings unbarmherzig auf uns nieder und es hatte sich als nützlich herausgestellt, einen Teil des Dachs als Sonnenschutz zu belassen. Es war ein besonderer Vorteil dieses Bootstyps, das Verdeck so variabel öffnen zu können.

Den Seewasserfilter brauchten wir am Morgen nicht zu kontrollieren. Am Vortag fuhren wir vorwiegend auf Seen, wo sich selten Reste von Wasserpflanzen im Filter festsetzen und den Kühlwasserkreislauf für den Motor behindern könnten. Damit waren wir fast bereit zum Ablegen. Natürlich musste noch das Landstromkabel an Bord geholt werden, mit dem die Batterien vom Stromverteiler am Steg über Nacht geladen wurden. Das Kabel zu vergessen ist ja der Klassiker, wenn das Hausbootfahren in überspitzt ironischer Weise dargestellt wird. Übertroffen wird das Malheur vielleicht noch von der festgemachten oder verklemmten Leine in der Schleuse. Beides Versäumnisse mit fatalen Folgen. Während ich den Motor startete, war meine Frau bereits dabei, die Leinen einzuholen. Recht leise und langsam verließen wir um halb neun den Anleger, ein Beweis, dass wir uns für das Frühstück ausreichend Zeit gelassen hatten. Auf einigen anderen Booten hatte sich ebenfalls morgendliche Geschäftigkeit eingestellt.

Der Steg des Yachtclubs befindet sich am Westufer des Schwedtsees. Wir fuhren etwa 500 m quer über den See und ließen die Fußgängerbrücke über die Durchfahrt zum Baalensee rechts liegen und bogen in die Siggelhavel ein.

Für die Romantiker des Films »Die Brücken am Fluss« kenne ich drei sehr schöne überdachte Brücken in Mecklenburg und Brandenburg, die man auch mit dem Boot durchfahren kann. Die Baalenseebrücke hier in Fürstenberg verbindet die Stadt mit der Umgebung an der Siggelhavel. Die 1996 errichtete Fachwerkbrücke ist 45 m lang. Die Hausbrücke Ahrensberg überspannt den Wasserweg in Richtung Neustrelitz in der Nähe von Wesenberg. 1928 erbaut und 2013 grundhaft instandgesetzt, ist sie die älteste Hausbrücke Norddeutschlands, die noch so gut erhalten ist. Das dritte Bauwerk befindet sich in Templin. Die 73 m lange »Pionierbrücke« wurde erst 2003/2004 mit der imposanten Überdachung neu gebaut.

Die überdachte Brücke bei Fürstenberg

Die Hausbrücke bei Ahrensberg am Wasserweg nach Neustrelitz

Die dritte überdachte Brücke befindet sich in Templin

Auf der Siggelhavel passierten wir nach kurzer Strecke die ehemalige Eisenbahnfähre, die man auch zu Fuß von Fürstenberg über die benannte Fußgängerbrücke erreicht. Als wir vor drei Jahren mit dem Auto in der Gegend waren, haben wir zu Fuß diesen Weg antreten, weil ich unbedingt die Reste des historischen Wasserfahrzeugs anschauen wollte. Die Fähre beförderte als einzige freifahrende Eisenbahnfähre Deutschlands Güterwagons von einer Seite der Havel zur anderen. Sie bestand aus einem 34 m langen pontonartigen Schwimmkörper, der vorn und hinten von einem Schiffspropeller angetrieben wurde und in beide Richtungen fahren konnte. Nach der Inbetriebnahme 1936 diente sie dem Munitionstransport der ansässigen Munitionsfabrik. Es wurden aber auch Arbeitskräfte aus dem nahen KZ Ravensbrück transportiert. Somit hat dieses wassertechnisch interessante Relikt auch eine dunkle Seite in seiner Geschichte. Nach dem Krieg nutzte die russische Armee das Transportmittel, seit 2011 ist die Fähre ein technisches Denkmal. Bei unserem ersten Besuch hatte sich bei meiner Frau bezüglich des längeren Fußweges in sommerlicher Hitze und der unspektakulären Präsentation der erhaltenen Bauteile ein leichtes Murren eingestellt, zumal wir davor bereits die Stadt Fürstenberg durchmessen hatten. Solche Denkmale benötigen schon ein wenig technische Begeisterung, das gebe ich zu. Diesmal konnten wir beim Vorbeifahren das Objekt bequem vom Boot aus betrachten. Inzwischen gibt es einen privaten Investor, der auf dem umliegenden Gelände einen Ecocampingplatz aufbauen will.

Das kurze Stück der Siggelhavel verbindet die Fürstenberger Seen mit der größeren Wasserfläche des Stolpsees. Am Ende dieses Sees gelangt man bei Kurs in östlicher Richtung nach Himmelpfort und hinter der Schleuse weiter in die Lychener Gewässer. Am See bietet die gepflegte Steganlage beim Bootshaus Himmelpfort die Möglichkeit, dem Ort einen Besuch abzustatten. Hier befindet sich der weltbekannte Weihnachtsmann-Briefkasten mit einer hübsch arrangierten Weihnachtsstube. Bereits während der Hausbootsaison können so die Kinder Wünsche für Weihnachten in den Briefkasten einwerfen. Damit die

Wunschliste wahr wird, müssen die Eltern freilich vorher auf den Brief schauen. Zu einem kleinen Spaziergang lädt die Klosterruine am Ortsrand ein, deren Mauern dicht überwachsen sind. Keinesfalls versäumen sollte man den neu angelegten Klosterkräutergarten mit Verkaufsraum, in dem eigene Liköre und Schnäpse angeboten werden.

Wir hatten den Weg bis Lychen bereits ein Jahr zuvor erkundet, deshalb wandten wir uns gleich Richtung Süden und folgten dem weiteren Verlauf der Havel. Von hier aus war der Wasserweg bis Zehdenick für uns unbekannt. Nach der in der Hochsaison stark befahrenen Seenkette von der Müritz bis Fürstenberg war es auf diesem Teil der Havel ruhiger und es kamen seltener Boote entgegen. Da der »gemeine« Hausbootfahrer alles und jeden grüßt, was ihm begegnet, konnte ich jetzt den Arm länger am Steuerrad belassen. Auf die Karte musste ich ebenfalls wenig schauen, der Fluss gibt den Weg vor, auf den falschen Weg zu gelangen ist fast unmöglich. Es wurde Zeit, eine Tasse Kaffee nachzuschenken. Da eine Isolierkanne zur Ausstattung des Bootes gehörte, hatten wir uns angewöhnt, früh eine volle Kaffeekanne zu brühen. Damit ließen sich nicht nur der Landstrom am Anleger ausnutzen und die Batterien schonen, sondern man hatte ohne Aufwand die Grundlage für das zweite Frühstück. Kaffee schlürfend und Kekse essend fuhren wir einen Mäander des Flussverlaufs nach dem anderen ab.

Bei strahlendem Sonnenschein war es ein Genuss, dem natürlichen und kurvenreichen Havelverlauf zu folgen. Der Fluss hatte hier für den Hausbootfahrer eine komfortable Breite, die Uferbereiche waren urwüchsig. Manchmal reichte ein scheinbar undurchdringbarer Wald bis zum Wasser, an anderen Stellen säumten nur einige Bäume das Ufer und offene Wiesen boten einen Blick in die umgebende Landschaft. Die Sonne brannte kräftig von oben und das geöffnete Verdeck war ein Mittelweg von Beschattung und Durchlüftung. Mitunter schien uns die Vormittagssonne auf unserem südöstlichen Kurs direkt entgegen. Dann waren die im Schatten liegenden Biegungen so dunkel, dass wir kaum sehen konnten, wohin wir fahren mussten.

Dieser Havelabschnitt verläuft über 30 km vom Stolpsee bis Marienthal am Beginn der Tonstichlandschaft nördlich von Zehdenick. Auf der Strecke gab es vier Schleusen, die wir annähernd im Stundentakt erreichten. Sie sind für die Selbstbedienung ausgerüstet. Das bedeutet: Vor der Schleuse anlegen, einen Hebel ziehen, warten bis man einfahren kann, in der Schleuse einen weiteren Hebel betätigen, um den Vorgang fortzusetzen und am Ende ausfahren und den Weg zur nächsten Schleuse nehmen. Alle technischen Prozesse laufen dann automatisch ab und werden per Kameras überwacht. Diese Selbstbedienungsschleusen findet man inzwischen an vielen Stellen im Mecklenburger und Brandenburger Revier. Das funktionierte überall sehr gut und wir mussten auf unserer ganzen Tour nur einmal in der zuständigen Zentrale anrufen, weil sich ein Schieber nicht automatisch schloss und der gesamte Schleusenvorgang nicht weiter ging. Nicht alle Schleusen in Mecklenburg und Brandenburg lassen sich automatisch bedienen. Viele werden noch durch Schleusenwärter und häufig auch Schleusenwärterinnen bedient.

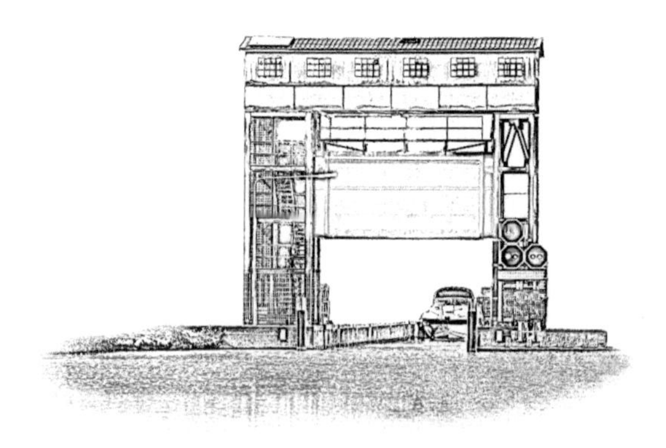

Schleuse Bredereiche

Video 02: Auf der Havel zwischen Fürstenberg und Liebenwalde

(Siehe Hinweis auf Seite 6)

Da man nicht das einzige Fahrzeug auf den Wasserwegen ist, schleust man oft mit anderen Booten zusammen. Das kann Vor- und Nachteile haben. Besonders ärgerlich ist es, wenn die offene Schleuse nur einige hundert Meter entfernt ist und die Vorausfahrenden die Fortsetzung des Schleusenvorgangs bereits ausgelöst haben, weil sie das nachkommende Schiff nicht bemerkten oder bewusst allein bleiben wollten. Ich gebe zu, einmal passierte uns das ebenfalls. Nachdem wir den Hebel gezogen hatten, kam ein weiteres Boot um die letzte Biegung. Bis sich die Tore nach der entsprechenden Sicherheitszeit schlossen, war es herangekommen und die Crew musste verärgert zusehen, wie die Schleusentore langsam zugingen. Man kann den Vorgang allerdings nicht anhalten. Der Notstopp ist dafür keinesfalls gedacht und würde noch mehr Zeit kosten, weil das System in diesem Fall über die Zentrale wieder in den Normalbetrieb gebracht werden muss.

Vor der Schleuse Bredereiche hatten wir Glück. Drei weitere Boote lagen an der Wartestelle und die Anforderung zur Schleusung war bereits ausgelöst. Als wir ankamen, schaltete die Ampel auf Grün und wir konnten gemeinsam einfahren. Die Wasserkarte wies für die Schleusenkammer eine Nutzlänge von reichlich 53 m aus. Für die vier Boote der Zehn-Meter-Klasse gab es ausreichend Platz. Bis zur folgenden Schleuse in Regow fuhren wir im Konvoi. Hier wurde es turbulenter. Zunächst mussten wir die Gegenschleusung abwarten. Ich nutzte die Wartezeit für ein paar Fotos und wir konnten uns ein wenig Bewegung an Land verschaffen, dann gönnten wir uns noch einen Snack aus der Bordküche. Der Schiffsmotor ruhte, die Landschaft entfaltete ihre ländlich abgeschiedene Natürlichkeit. Bei so einem schönen Sommerwetter wie an diesem Tag sind solche Unterbrechungen gar nicht so schlecht. Man döst vor sich hin oder liest etwas, wozu man sonst keine Zeit hat.

In der Zwischenzeit hatte sich ein weiteres kleineres Boot hinter uns angestellt. Der Schiffsführer war allein unterwegs und machte bereits beim Anlegen an der Wartestelle einen hektischen Eindruck. Eine willkommene Abwechslung und ich überdachte die Rechnung, wie viele Boote dieses Mal geschleust werden könnten.

Die Länge unseres eigenen Bootes betrug neun Meter. Die vor uns liegenden Hausboote hatte ich bereits auf maximal 10 m geschätzt. Die Schleuse Regow ist allerdings etwa 10 m kürzer, als die in Bredereiche. Mit etwas Glück sollten wir trotzdem gemeinsam in die Kammer passen. Der Bootsführer hinter uns war nur mit einem kleinen Motorboot unterwegs, dennoch hatte er keine realistische Chance, mitgeschleust zu werden, wenn alle Boote hintereinander festmachen. Bei der Rechnung spielt noch die Schleusenbreite eine Rolle. Ist die Schleuse breit genug oder die Boote entsprechend schmal, können Sie nebeneinander liegen. Dann passen natürlich mehr Fahrzeuge hinein. Bei den bedienten Schleusen sorgt das Personal für die geeignete Verteilung, bei Selbstbedienung müssen sich die Schiffsführer selbst einigen.

Nachdem die Schleuseneinfahrt freigegeben war, setzten sich die wartenden Boote in Bewegung. Die drei vor uns machten alle hintereinander rechts fest. Wir nahmen die linke Seite, was allerdings in der Länge zu keinem Unterschied führte, weil wir nicht neben das letzte Boot passten. Der eilige Fahrer nach uns kam natürlich hinterher, der verbleibende Platz reichte jedoch nur für die Hälfte seiner Bootslänge und längsseits neben uns ging es auch nicht. Daraufhin schallte es von hinten lautstark nach vorn, man möge doch weiter vor fahren. »Wir sind schon ganz vorn« kam es zurück. Der Dialog setzte sich fort und die Tonart verschärfte sich. Zwei Gegenspieler waren aufeinandergetroffen und die Urlaubsgelassenheit war kurzzeitig verflogen. Wir hielten uns raus, da wir in keiner Richtung Freiraum schaffen konnten. Vielleicht hätten die beiden Boote vorn nebeneinander gepasst. Das war auch die Motivation für die Forderungen, die vom hintersten Boot kamen, das sich noch immer zwischen den Schleusentoren befand.

Bei einer Neuordnung der Fahrzeuge wäre es extrem eng geworden, was man generell vermeiden sollte. Wenn die Boote beim Schleusenvorgang in Bewegung kommen, können bei zu geringen Abständen leicht Beschädigungen entstehen. Dann ist der Streit noch größer, der

Verursacher weg und man muss selbst für den Schaden aufkommen. Es dauerte eine Zeit lang, bis der Skipper mit Schimpfen aus der Schleuse zurückfuhr, wobei er mit seinem Boot am Schleusentor anstieß, sodass ein unangenehmes Knacken zu hören war. Einen Gefallen hatte er sich mit der Aktion jedenfalls nicht getan. Nach dieser kleinen Aufregung und der Verzögerung konnten wir den Schleusenvorgang fortsetzen. Die folgende Schleuse Zaaren passierten wir ohne Diskussionen und Schorfheide erreichten wir nach dem Mittag.

Unser Bootsverband hatte sich inzwischen aufgelöst, ein Boot hatten wir überholt, eines hatte angelegt und eines war weiter voraus außer Sichtweite. Häufig begegnet man sich später wieder. Ein langsam fahrender Schwimmbagger ließ uns freundlicherweise vorbei. Zwischendurch servierte meine Frau das Mittagessen mundgerecht am Steuerstand. In diesem Rhythmus waren wir ständig mit Manövern, Aktivitäten und Beobachtungen beschäftigt und die Zeit verging recht schnell. Nach Marienthal änderte sich die Landschaft. Anstelle des Waldes wurde die Havel von einer Kette kleinerer und größerer Seen an beiden Ufern gesäumt. Die Einfahrten in diese romantischen Wasserflächen sind alle gesperrt. Es sind jetzt Naturbiotope, die sich in den einstigen Tonstichen entwickelt haben.

Die riesigen Tonvorkommen ließen hier Anfang des 20. Jahrhunderts den größten Ziegeleistandort Europas entstehen. Wenige Kilometer weiter passierten wir das Zentrum des Industriegebietes, das ehemalige Ziegelwerk in Mildenberg, das heute als weitläufiger Industriepark zugänglich ist. Anlegemöglichkeiten gibt es in der Marina »Alter Hafen«, der früheren Verladestation der Tonziegel. Durch diesen Transport entstand der Ausspruch: »Berlin ist aus dem Kahn gebaut«, denn die heranwachsende Großstadt war der Hauptabnehmer der Ziegel. Auf dem Höhepunkt der Ziegelproduktion wurden hier etwa 1,7 Millionen Stück am Tag gebrannt. Einige hundert Meter weiter südlich befindet sich das größere Hafenbecken der Marina »Neuer Hafen Mildenberg«. Da wir noch eine Strecke fahren wollten, fanden wir auch auf dieser Tour nicht die Möglichkeit, den Museumspark zu besuchen, für den man sich ein paar Stunden Zeit nehmen sollte, weil das Gelände sehr groß ist.

Wenig später erreichten wir Zehdenick, das für uns schon einmal Ausgangspunkt für eine Hausboottour war. Die Wartestelle mit der Anmeldung zum Schleusenvorgang befindet sich am rechten Ufer, relativ weit vor der Schleuse und direkt gegenüber dem Stadthafen und dem Havelschloss, das heute zum noblen Hotel ausgebaut ist. Das italienische Restaurant am Stadthafen können wir aus eigener Erfahrung empfehlen. Von der Sportboot-Wartestelle kann man auf die große Marina Zehdenick zurückblicken und voraus befindet sich die romantische Bodenstrombrücke. Sie ist eine von zwei denkmalgeschützten und vor einigen Jahren sanierten gusseisernen Brücken, die wegen ihrer Ellipsenform im Volksmund als Kamelbrücken bezeichnet werden. An der Klienitzbrücke waren wir schon vorbeigefahren. Sie überquert einen Nebenarm der Havel gegenüber der Marina Zehdenick.

Die Klienitzbrücke in Zehdenick, eine der beiden »Kamelbrücken«

Auch beim schönsten Anblick der Umgebung wird man mit der Zeit unruhig, wenn man weiterfahren möchte und sich an der Schleusenanzeige nichts ändert. Die Ampel stand hartnäckig auf Rot. Nach einer gefühlten endlosen Wartezeit nahte die Ursache. Der langsame Schwimmbagger kam mit der Absicht zu schleusen vorbeigefahren. Die Berufsschifffahrt hat eben immer Vorfahrt. Nachdem das Gefährt in der Schleuse verschwunden war, wurde auch für uns grün und wir konnten glücklicherweise mit einfahren. Der Steuermann des Baufahrzeugs erklärte uns, dass er in 800 m abbiegen würde, sodass sich ein weiteres Überholmanöver erübrigte.

Die Zehdenicker Schleuse ist mit einer Klappbrücke gekoppelt, die sich wenige Meter flussabwärts befindet. Für die Fußgänger gibt es daneben eine Holzbrücke, die hoch genug ist, und nicht geöffnet werden muss. Sie ist ein idealer Beobachtungspunkt für Passanten auf das Schleusengeschehen, wodurch man mit hoher Wahrscheinlichkeit immer auf einem Foto verewigt wird. Nach dem Ort nahmen wir den letzten Abschnitt der Tagestour in Angriff. Ziel war die Marina Liebenwalde, weitere 16 km südwärts mit einer Schleuse. Die Havel hat auf diesem Stück ein begradigtes Flussbett erhalten und durchfließt eine waldreiche Gegend. Nachdem wir bereits sieben Stunden unterwegs waren, hatte ehrlicherweise die Aufmerksamkeit für die Details in der Natur deutlich abgenommen. Normalerweise plane ich als Tagestour höchstens 30 bis 40 km. Mit 60 km wurde dieser Tag zu einer der größten Etappen. Da wir die Gewässer teilweise schon kannten und in Anbetracht der langen Strecke, die noch vor uns lag, wollten wir in den ersten Tagen schnell vorwärtskommen, um für den weiteren Weg Zeitreserven aufzubauen. Außerdem mögen wir die Marina Liebenwalde. Auf der genannten Tour mit Start in Zehdenick hatten wir dort schon einmal einen Zwischenstopp eingelegt, bevor wir Kurs Richtung Finowkanal nahmen.

Kurz vor 18:00 Uhr erreichten wir die Marina. Der Holzsteg mit den verschieden großen Anlegeplätzen verläuft unmittelbar am Schilfrand mit Blick auf die neue Klappbrücke, die nach Anmeldung und zu festen

Zeiten den Weg in den Langen Trödel freigibt. Dieser 10 km lange Kanalabschnitt zwischen Liebenwalde und Zerpenschleuse wurde mit drei neugebauten Brücken und einem Schleusenneubau wiederbelebt. Er ist nach einigen Startproblemen und Verzögerungen seit 2017 auch für größere Hausboote wieder befahrbar. Skipper, die mit Charterschein unterwegs sind, gelangen dadurch aus den führerscheinfreien Gewässern der Brandenburger Kleinseen bis zum Finowkanal, der ebenfalls ohne Bootsführerschein befahren werden kann.

Während des Anlegemanövers bemühte ich mich bewusst, das Bugstrahlruder nicht zu nutzen. In guter Absicht zog allerdings ein Helfer auf dem Steg das Boot so stark heran, dass ich mit dem Seitenantrieb gegensteuern musste. Als meine Frau wenig später das Boot beim Hafenmeister Horst Helbig anmelden wollte, war der abwertende Kommentar: »Ich habe es schon gehört.« Diese direkte Art ist nicht jedermanns Sache, aber wenn man einmal ins Gespräch gekommen ist, hat Herr Helbig immer etwas interessantes zu erzählen oder einen hilfreichen Rat parat. Falls Sie also gleich zu Beginn einen guten Eindruck machen wollen, lassen Sie die Finger vom Bugstrahlruder.

Mit dem Festmachen hielten wir uns nicht lange auf. Der Imbiss mit der kleinen Terrasse gleich hinter dem Steg hatte nur noch eine Stunde geöffnet und die selbstgemachten Buletten mit Kartoffelsalat wollten wir uns nicht entgehen lassen. Dazu ein frisches Bier und ein Schattenplatz unter den Sonnenschirmen, damit war das Skipperleben vollkommen und wir holten kulinarisch nach, was wir über den Tag eingespart hatten.

Leider sind mit Herausgabe dieses Buches die Erlebnisse am schönen Hafen nicht zu wiederholen. Herr Helbig hat den Betrieb der Marina Ende 2018 aufgegeben. Der Pachtvertrag war ausgelaufen und ein Verkauf an die Stadt kam nicht zustande. Bis auf Weiteres bietet die Anlage nur noch Plätze für Dauerlieger. Heute sind wir froh, hier nochmals vorbeigeschaut zu haben.

Während meine Frau die Abendsonne auf dem Boot genoss, ging ich einen Kilometer bis in die kleine Stadt. Vor allem das Rathaus ist ein lohnendes Fotomotiv. Das Heimatmuseum befindet sich in einer ungewöhnlichen Lokation, im ehemaligen Stadtgefängnis. Zur abendlichen Zeit war es bereits geschlossen. Ich hatte nach der langen Fahrt ohnehin kein Interesse für einem Besuch.

Zurück an Bord war ich ebenfalls geschafft und ließ auf dem Boot noch einige Eindrücke des Tages in Gedanken vorbeiziehen. Die Geschichte mit der Eisenbahnfähre, die Erinnerungen an Himmelpfort aus einer früheren Tour, der schöne und gewundene Havelverlauf, die Streitigkeiten in der Schleuse Regow und die nicht enden wollende Wartezeit in Zehdenick. Nach dem Sonnenuntergang dauerte es nicht lange, bis wir unser Verdeck geschlossen hatten und in der Koje lagen. Es war ein abwechslungsreicher und ausgefüllter Hausboottag. Mit dem folgenden Morgen sollten wir endgültig für viele Tage unbekannte Gewässer befahren und erst ganz am Ende der Reise wieder auf bekannte Kanäle zurückkehren, vorausgesetzt dass alles planmäßig verlaufen würde. Ich blickte nicht lange auf die niedrige Decke unserer Kabine. Die Müdigkeit siegte schnell über die erwartungsvollen Gedanken.

Klappbrücke Liebenwalde

Video 03: Die Wasserwege bei Liebenwalde

Verspätetes Vorwort

Nach dem ersten erlebnisreichen Tag auf dem Hausboot möchte ich das versprochene Vorwort nachholen. Ob Sie es mögen oder nicht, bevor Sie den Schritt auf das Boot wagen können, sind Vorbereitungen notwendig, die sich in manchen Punkten von einer Pauschalreise unterscheiden. Dazu erhalten Sie in diesem Kapitel einige kurze Hinweise. Anschließend erfahren Sie, was wir an den ersten drei Bootstagen auf dem Weg von der Basis in Plau am See nach Fürstenberg erlebt haben. In einem weiteren Kapitel habe ich Kurzbeschreibungen zu den Nebenrevieren der Kleinseenplatte zusammengestellt. Diese Reviere können Sie bei ausreichend Zeit in Ihre Planungen aufnehmen, sie gehören aber nicht zur Hauptroute der großen Runde. Im Anschluss daran werde ich unser Reiseabenteuer mit dem Ablegen in Liebenwalde fortsetzen. Doch zunächst der Reihe nach.

Ich darf mich vorstellen: Torsten Krone, Autor dieses Buches.

Beruflicher Reisechronist: Nein.

Hausbooterfahrung: Ja.

Perfekter Bootsführer: Nein. (Würden Sie sich als perfekter Autofahrer bezeichnen, wenn Sie im Jahr nur drei bis vier Wochen damit unterwegs wären?)

Motivation: Hausboot-Begeisterung.

Was nutzen Ihnen diese Informationen: Sie erhalten einen ehrlichen und ungeschönten Reisebericht mit vielen Hinweisen, vielleicht als Anreiz, das Abenteuer in Teilen oder als ganze Runde selbst erleben zu wollen.

Mit der Begeisterung für den Urlaub am und auf dem Wasser bin ich nicht allein. Der Boom für eine solche Form der Erholung, Abwechslung und manchmal auch der Herausforderung als Gegenpol zum Alltag ist seit Jahren ungebrochen. Immer mehr Ozeanriesen kreuzen auf den Weltmeeren, Flusskreuzfahrten auf den großen Strömen werden zunehmend beliebter und komfortabler und Wassersportler bevölkern mit Segel-, Motor- und Paddelbooten die Binnengewässer bis in die abgelegensten Winkel. In jeder Saison entstehen neue Anleger und Versorgungseinrichtungen für die Wasserwanderer. Marinas haben sich zu regelrechten Städten mit Steganlagen und Ferienhäusern am Ufer und auf künstlichen Inseln entwickelt. Die großen Meere sind längst nicht mehr die einzige Alternative, wenn man am Wasser seinen Urlaub verbringen will. Alte Kanäle und Wasserwege werden wieder befahrbar gemacht und Schleusen automatisiert.

Dutzende Bootsvermieter bieten eine Armada an Booten, schwimmenden Häusern, Flößen und Pontons für Wohnwagen oder Wohnmobile an, die von »Freizeitkapitänen« über Flüsse, Seen und Kanäle in ganz Europa gesteuert werden. In der Mehrheit dieser Länder können Sie ein solches Urlaubserlebnis ohne Vorkenntnisse erleben, in Deutschland auf mehreren Bootsrevieren in Mecklenburg und Brandenburg. Man fragt sich berechtigt: Kann das gut gehen? Zum Leidwesen vieler Schleusenwärter und Schleusenwärterinnen: Ja, zumindest in den meisten Fällen. Es gibt durchaus regelmäßig ein paar Kratzer und Dellen an den Booten, manchmal ein Wassergefährt, das auf einer Sandbank oder im Flachwasser festhängt und in seltensten Fällen auch ein versenktes Boot. Der Personenschaden ist im Vergleich zu manchen anderen Urlaubs- und Freizeitbeschäftigungen aber gering. Kein Vergleich mit dem Straßenverkehr und den verbietet man schließlich auch nicht. Natürlich müssen Regeln geschaffen und eingehalten werden, und dieses Buch soll für Rücksichtnahme werben und Vorkenntnisse vermitteln.

Wer das Leben und Getümmel auf dem Wasser noch nicht erlebt hat, kann sich wahrscheinlich nur schwer vorstellen, was hier los ist. Die Möglichkeiten sind enorm vielfältig und genügen dem abenteuerorientieren Puristen ebenso, wie dem komfortverwöhnten Wassertouristen. Sollte Sie das Plädoyer für einen Urlaub auf dem Wasser animiert haben, die nächste Urlaubsplanung in diese Richtung zu lenken, dann habe ich folgende Hinweise zu Boot und Buchung im Hinblick auf die beschriebene Runde.

Zunächst ist zu klären, was ich unter der großen Runde verstehe. Der Begriff wird von vielen Hausbootanbietern verwendet. Er bezeichnet einen Rundkurs über die Mecklenburger Großseen, die Kleinseenplatte, entlang der Havel, vorbei an Zehdenick, Oranienburg, Berlin, Potsdam, Brandenburg, Havelberg, auf der Elbe bis Dömitz und auf der Elde wieder zurück zu den Seen. Dabei ist es egal, an welcher Stelle Sie in die Route einsteigen, man kann sie natürlich auch etappenweise befahren. In der Summe sind das mindestens 600 km und 38 Schleusen, wenn Sie keine Ausflüge in die Nebengewässer unternehmen. Das ist innerhalb von 14 Tagen nur für sehr Eilige zu schaffen und nicht zu empfehlen, da sich die Entschleunigung als »Seele« des Hausbootfahrens nicht richtig entfalten kann. Drei Wochen sind eindeutig die bessere Wahl. Bei noch mehr Zeit wird es Ihnen bestimmt nicht langweilig, die Realisierbarkeit im Berufsalltag wird aber zunehmend unrealistischer für Familien, Paare und Freundeskreise, die sich auf die Urlaubszeit beschränken müssen. Allgemein wird empfohlen, die Runde immer im Uhrzeigersinn zu fahren, weil man dann das Stück auf der Elbe flussabwärts unterwegs ist. Prinzipiell geht es auch in entgegengesetzter Richtung. Die Fahrt auf der Elbe als natürlicher Fluss mit kräftiger Strömung und ausgewiesener Fahrrinne ist unabhängig vom Kurs generell nicht einfach.

Sofern die Reisezeit nicht durch feste Ferienzeiten bestimmt wird, ist die Vor- und Nachsaison immer eine Empfehlung. Die Mietpreise für die Boote sind deutlich günstiger und auf den besonders beliebten Revieren der kleinen und großen Seen und an den dortigen Anlegern ist es ruhiger als in der Hauptsaison. Dagegen verspricht der Hochsommer wärmere Temperaturen und den Luxus eines Bades direkt von Bord aus. Im Frühjahr und Herbst muss man dafür abgehärteter sein.

Unter der Annahme, dass Sie drei Wochen unterwegs sein wollen, müssen Sie wahrscheinlich rechtzeitig buchen. Verlockend sind natürlich die Last-Minute-Angebote, die sogar im Sommer Nachlässe bis 50% anbieten. Die Charterunternehmen versuchen damit, ihre Buchungslücken zu füllen. Sie werden aber nur mit viel Glück ein Boot finden, das für drei Wochen verfügbar ist. Um sicher zu gehen, bleibt nur eine rechtzeitige Buchung, meist bereits im Vorjahr, um wenigstens die Frühbucherrabatte mitzunehmen.

Für die passende Reiserücktrittsversicherung gibt es spezialisierte Anbieter für den Bootscharter. Diese unterscheiden im Versicherungsfall zwischen Skipper, der namentlich benannt werden muss, und der Crew. Fällt der Skipper aus, kann häufig die restliche Mannschaft die Reise nicht antreten beziehungsweise fortsetzen. Dann sollten Ihnen die gesamten Reisekosten erstattet werden. Eine Versicherung für Pauschalreisen ist dafür nicht oder nur bedingt geeignet.

Eine weitere grundlegende Entscheidung betrifft die Auswahl des Bootes. Es sollte Ihren Komfortansprüchen und Bewegungsmöglichkeiten entsprechen. Eine gute Informationsquelle sind die vielen Webseiten und Kataloge der Anbieter. Deren Bootsbeschreibungen enthalten Pläne mit der räumlichen Aufteilung an Bord. Wie viel Platz in den Kabinen oder in den kleinen Badzellen tatsächlich herrscht, kann man den winzigen Bildern nur schlecht entnehmen.

Aufgrund der Entfernungen, die Sie zurücklegen müssen, kommt aus meiner Sicht nur ein »klassisches« Hausboot in Yachtform in Frage. Ein schwimmender Bungalow oder ein Floß würde ich nicht empfehlen, zumindest nicht für diese Strecke mit einer Reisedauer von drei Wochen. Wenn Sie mehr Zeit haben, ist das etwas anderes. Die Bootsgröße richtet sich nach der Anzahl der Crewmitglieder. Ich rate, für jeden Mitreisenden ein Bett in einer Kabine zu planen, der ständige Umbau des Salons als regelmäßigen Schlafplatz ist dringend zu vermeiden. Die »Betroffenen« schlafen dann wie im »Treppenhaus« und jeder Gast an Bord durchquert deren Schlafzimmer. Mehrheitlich befinden sich an Bord Doppelbettkabinen, seltener Einzelkabinen. Die Platzverhältnisse in den Kabinen sind allerdings sehr unterschiedlich. Vom frei stehenden Doppelbett bis zur Bugkabine, in die man gerade so zwei Kojen hineingequetscht hat und man zu zweit nicht nebeneinanderstehen kann, ist alles möglich und hat entsprechend seinen Preis. Was können Sie sich selbst und Ihrer Familie sowie Gästen zumuten? Sollte das Geld eine untergeordnete Rolle spielen und Sie ein möglichst großes Boot mieten wollen, dann denken Sie auch daran, dass Sie den Nobelkreuzer durch die Schleusen und in teilweise recht enge Marinas steuern müssen. Um Kompromisse kommen Sie nicht herum.

Je nach Ihrer Sportlichkeit und Ihrem Anspruch an Bequemlichkeit spielt die Begehbarkeit des Schiffs eine große Rolle. Aufgrund der verschiedenen Anlegemöglichkeiten und Stegvarianten sollten Sie in der Lage sein, auf allen Seiten des Bootes aussteigen zu können. Standard ist der seitliche Ausstieg, wenn Sie längsseits anlegen. Häufig machen Sie senkrecht zum Steg fest und kommen über Seitenstege an Land, die als Schwimmstege meistens recht tief sind. Der bequemste Zugang ist über das Heck, allerdings ist das rückwärtige Anlegemanöver schwieriger und Sie gefährden bei flachem Wasser den Propeller. Der Ausstieg vorn über den Bug ist die sportlichste Variante. Weitere Kriterien für eine gute Begehbarkeit an Bord sind möglichst wenige Treppen und breite Laufgänge an den Seiten, um gut vom Bug bis zum Heck zu kommen. Einen sicheren Stand auf dem Deck wird Ihnen die Crew beim Führen der Leinen in Schleusen und beim Anlegen danken.

Bei der technischen Ausstattung ist das Bugstrahlruder an erster Stelle zu nennen. Das entbindet Sie nicht von einem ordentlichen Anlegemanöver, ist aber vor allem bei widrigen Wetter- und Windverhältnissen und für den letzten Schub in die endgültige Position zum Festmachen sehr hilfreich. Deshalb werden immer mehr Boote mit dem Hilfsmittel ausgestattet.

Bei der beschriebenen Strecke sind ein großer Diesel- und Abwassertank von Vorteil. Dieses Kriterium ist aber nicht so entscheidend, weil es in vertretbaren Abständen Tankstellen und Absauganlagen für das Abwasser gibt. Beim Frischwassertank bevorzuge ich eher eine kleinere Größe, damit das Wasser nicht zu lange im Tank steht, bis es verbraucht ist. Zapfstellen haben Sie fast an jedem Anleger.

Sicher sind besonders für Einsteiger jetzt noch zahlreiche Fragen offengeblieben. Viele davon werden bereits nach der ersten Reise durch eigene Erfahrungen beantwortet. Wer es gern genau wissen will, dem empfehle ich das Buch »Hausboot Smalltalk«. Hier habe ich umfangreiche Grundlageninformationen zu Hausbooten und Revieren zusammengestellt.

Eines muss ich noch erwähnen: Für die große Runde benötigen Sie den Sportbootführerschein Binnen, wenn das Boot mehr als 15 PS hat und das wird der Fall sein. Anders als in den meisten Hausbootrevieren der Nachbarländer sind in Deutschland nur bestimmte Reviere mit größeren Hausbooten ohne Führerschein befahrbar. Für diese Gebiete reicht der Charterschein, den Sie im Rahmen einer erweiterten Einweisung bei der Übergabe bekommen. Er ist immer nur für den jeweiligen Urlaub gültig. Auch hierzu finden Sie weitere Informationen unter www.hausboot-smalltalk.de.

Mit einem solchen Charterschein und somit ohne Bootsführerschein können Sie den größten Teil der Runde in mehreren Etappen befahren. Die nördliche Hälfte von Dömitz über die Großseen und die Kleinseenplatte bis zum Oder-Havel-Kanal ist damit befahrbar. Auch um Potsdam und Brandenburg an der Havel gibt es führerscheinfreie Gewässer. Auf der Havel-Oder-Wasserstraße und auf der Elbe sind Sie gemeinsam mit der Berufsschifffahrt unterwegs. Deshalb ist hier der Sportbootführerschein vorgeschrieben. Wenn Sie diesen nicht haben, müssen Sie das Buch nicht weglegen. Vielleicht sammeln Sie ähnliche Erlebnisse zunächst auf den Charterscheinrevieren oder Sie nehmen sich gleich die Zeit, den Schein abzulegen. Kurse mit der notwendigen theoretischen und praktischen Prüfung werden teilweise als verlängerte Wochenendkurse angeboten. Ob mit oder ohne Führerschein, auf kurzer oder langer Strecke, spannend wird es ganz bestimmt, denn irgendetwas Unvorhersehbares passiert immer.

Die Reiseplanung in Kurzform

Wer sich für einen Hausbooturlaub interessiert, wird schnell merken, dass bereits in der Saison des Vorjahres mit Frühbucherrabatten für das Folgejahr geworben wird. Davon sollten Sie sich nicht allzu sehr in Unruhe versetzen lassen. Allerdings müssen Sie umso früher nach einem geeigneten Boot schauen, je konkreter Ihre Vorstellungen für den Bootstörn sind. Mein Vorgehen für diese Reise stellte sich wie folgt dar.

Den Wunsch, die Hausbootrunde einmal in einem Stück zu fahren, hatte ich mit meiner Frau schon öfter diskutiert, zur Umsetzung kam es jedoch nicht. In der Vorweihnachtszeit 2017 hatte sich der Gedanke bei mir erneut eingestellt und ich ließ mich von der Werbung der Anbieter zur Planung motivieren. Unsere Reisezeit war durch arbeitsbedingte Werksferien auf die Ferienzeit des nächsten Sommers festgelegt. Damit stand das Datum für drei Wochen in der üblichen Wochenbuchung von Samstag bis Samstag fest. Wir würden zu zweit unterwegs sein und im Hochsommer wollte ich die Möglichkeit eines offenen Steuerstandes haben.

Nach einigem Stöbern auf den Anbieterseiten hatte es mir der Bootstyp Marco 860 AK angetan. In der Gesamtlänge neun Meter, ein relativ flaches Boot, was bei niedrigen Brücken von Vorteil ist, mit Salon im Vorschiff und einer Doppelbettkabine im Heck. Steuerstand mittig mit Persenning komplett verschließbar, aber eben auch offen zu fahren, wenn es das Wetter zuließ. Das Boot hatte trotz Hochsaison mit Nachlässen als Früh- und Mehrwochenbucher einen vertretbaren Preis. Schnell zeigte sich jedoch, dass nicht so viele Schiffe diesen Typs angeboten wurden. Es war höchste Zeit zu handeln.

Obwohl meine Frau das gemeinsame Hobby des Bootfahrens teilt, musste ich noch Überzeugungsarbeit leisten, da wir bisher bei der Mehrzahl der Törns mit unseren Kindern oder Freunden unterwegs waren. Durch sie standen bei den Manövern mehrere helfende Hände zur Verfügung. Nun sollten es gleich drei Wochen allein werden, daraus ergaben sich einige Fragen meiner Frau, die einfach zu beantworten waren.

»Wenn du am Steuer stehst, muss ich die Leinen allein bedienen?«

»Ja.«

»Wir müssen wieder über die Müritz und auch noch über die Elbe?«

»Ja.«

»Es wird viele Schleusen geben?«

»Ja.«

»Wenn am Ende der Runde eine Schleuse gesperrt ist, sitzen wir fest?«

»Ja.«

»Bist du sicher, dass wir das schaffen?«

»Ja.«

Das Ergebnis der Besprechung kennen Sie bereits. Ihre Fragen werden vielleicht andere Prioritäten haben, aber eine Abstimmung mit der zukünftigen Crew ist auf jeden Fall notwendig. Häufig höre ich auch, dass die Frauen die Initiative für einen solchen Urlaub ergreifen. Wichtig ist nur, dass es eine gemeinsame Entscheidung ist. Erzwingen sollte man das Vorhaben nicht, dafür ist die Urlaubszeit zu wertvoll und die Verantwortung für sich selbst und andere auf dem Wasser zu groß. Wenn für den Ehepartner die Vorstellung der Zweisamkeit bereits ein anstrengender Gedanke sein sollte, dann ist eine Bootstour zu zweit keine gute Idee. Es soll ja schon Ehepaare gegeben haben, die nach der ersten Schleuse über Scheidung diskutiert haben. Nicht ohne Grund werden Hausboottouren als Teambildungsmaßnahmen im Business genutzt.

Ich holte drei Angebote verschiedener Anbieter für diesen Bootstyp und vergleichbare Typen ein. Wir entschieden uns für Yachtcharter Schroeder in Plau am See und das Boot Marco 860 AK »Time-out«. Die Charterbasis hat dabei eine wesentliche Rolle gespielt. Die Groß- und Kleinseenplatte wollte ich möglichst schnell durchfahren, weil wir diese schon kannten. Auf den Mecklenburger Großseen kann im ungünstigen Fall das Wetter zu Verzögerungen führen. Auf den Kleinseen können es lange Wartezeiten an den Schleusen sein. Wenn das hinter uns lag, könnten wir uns für den südlichen Teil der Strecke mehr Zeit lassen und einen Abstecher in den Schweriner See als Zeitpuffer am Ende einbauen. Dass die navigatorischen Herausforderungen auf einem anderen Streckenabschnitt lagen, ließ sich bei der Buchung nicht erahnen. Gleichzeitig schlossen wir eine Kautionsversicherung und eine Reiserücktrittsversicherung bei der Hamburger Yachtversicherung Schomacker ab. Das ging online über das Internet. Die Versicherung ist unabhängig vom Vermieter und es gibt verschiedene Anbieter dafür. Die meisten kleineren Schäden am Boot liegen im Bereich der zu hinterlegenden Selbstbeteiligung und sind auch bei Erfahrung in der Bootsführung schnell passiert. Manchmal ist man nicht einmal selbst schuld. Einen Kratzer durch eine Rempelei in der Schleuse oder im Hafen bemerkt man vielleicht erst später, wenn der Verursacher schon längst weg ist. Deshalb empfehle ich eine Kautionsversicherung. Nach diesen Formalitäten trat das Thema Urlaub für die folgenden Monate in den Hintergrund.

Die Überweisung der restlichen Charterkosten vier Wochen vor Reiseantritt war ein Grund, sich erneut mit der Tour zu beschäftigen. Gewöhnlich mache ich eine sehr detaillierte Planung der Tagestouren mit den möglichen Anlegern. Je länger die Reise dauert, umso schwieriger ist dies allerdings, weil eine kleine Verzögerung am Anfang den ganzen Plan durcheinanderbringen kann. Deshalb blieb es bei einer groben Tagesplanung. Sehr gute Erfahrungen habe ich mit der elektronischen Tourenplanung von Aqua Sirius gemacht. Hier können Sie anhand einer Karte mit allen Häfen die Route mit Zwischenstopps und Übernachtungsplätzen zusammenstellen. In der Übersicht werden die Entfernungen und notwendigen Schleusen berechnet. Der Dienst läuft komplett im Internet und ermöglicht den Zugriff von verschiedenen Endgeräten auf Ihre gespeicherten Pläne. Zusätzlich werden aktuelle Meldungen aus ELWIS (Elektronischer Wasserstraßen-Informationsservice) in der Karte angezeigt. Dieses Informationssystem wird von der Wasserstraßen- und Schifffahrtsverwaltung des Bundes betrieben und enthält alle Nachrichten zu den Bundeswasserstraßen.

Nachdem ich für die 20 Fahrtage meine übliche Tagestour von 30 bis 40 km verteilt hatte, befand ich, dass Reserven vorhanden waren. Deshalb nahm ich das Revier der Neuruppiner Gewässer und den Schweriner See zusätzlich in die Gesamtroute auf.

Kostenpflichtig ist das digitale Kartenmaterial von Aqua Sirius nur, wenn Sie mittels der sogenannten TAsmart-App mit Smartphone oder Tablet unterwegs navigieren wollen. Sie sehen dann wie auf Harry Potters „Zauberkarte", wie sich Ihr Boot auf dem Wasser bewegt und es werden zahlreiche Zusatzinformationen zur Umgebung und den vorausliegenden Schleusen angezeigt. Daraus ergibt sich ein Mehrwert gegenüber einer Standard Navigation auf dem Smartphone. Auf der Peene hatte dieses System wegen einer schlechten Mobilfunkversorgung nicht stabil funktioniert, auf dem Finowkanal lief es gut. Bei der ganzen Digitalisierung können Sie allerdings schnell von der Vielzahl der Systeme überfordert sein, vor allem wenn sich die Aufgaben nur auf zwei Personen verteilen. Sie müssen steuern, Geschwindigkeit und Tiefenmesser im Blick haben, Sie wollen fotografieren, Sie haben die Wasserkarte vor sich und wollen die Hinweise der digitalen Karte beachten. Die Landschaft um Sie herum ist aber das eigentlich Sehenswerte. Deshalb hatte ich für diese Reise auf die Online-Navigation verzichtet.

Eine Abstimmung gab es noch mit dem Vercharterer, welche Wasserkarten er uns zur Verfügung stellen kann. Revierkarten der Umgebung sind immer an Bord, sie umfassen aber nicht die kompletten Mecklenburger und Brandenburger Reviere. Wie mir der Vermieter Oliver Wallmüller jedoch bestätigte, würde er uns die aktuellen Karten von Kartenwerft mitgeben. Damit war ich beruhigt, das sind aus meiner Sicht die derzeit besten Papierkarten für die Hausbootreviere.

Dann war der Tag des Packens gekommen. Was soll ich sagen, wir nahmen wie immer zu viel mit. Eine Diskussion ersparten wir uns, für alles gab es eine Begründung und wir ließen es dabei. Die Vorsätze des letzten Jahres zum Reisegepäck hatten die Winterstürme hinweggefegt. Wir konnten nicht ahnen, dass es »der Sommer 2018« werden sollte.

Gewöhnlich ist es bei kühlem Wetter auf dem Wasser gefühlt mindestens fünf Grad kälter, dagegen empfindet man es bei Sonne um die gleiche Differenz wärmer als am schattigen Ufer. Deshalb empfiehlt sich, eine entsprechende Auswahl an leichter und auch warmer Kleidung mitzunehmen. Ähnlich wichtig sind feste Schuhe für die Bootsmanöver, die mit der Sohle keine schwarzen Streifen auf dem Deck hinterlassen sowie bequeme Schuhe für die Freizeit.

Klären Sie vorab, ob Sie Bettwäsche mitbringen müssen. Unbedingt benötigen Sie ein Fernglas an Bord, das aber meist zur Bootsausstattung gehört. Zur Sicherheit nehmen wir immer noch eines mit. Bewährt haben sich auch ein paar Sitzauflagen, mit denen Sie den Komfort der Campingstühle auf dem Achterdeck verbessern können. Ebenso umfasst unser Standardgepäck eine Grundausstattung an Lebensmitteln. Die frischen Nahrungsmittel kaufen wir vor Ort.

An einem Samstagmorgen war es dann soweit. Aufbruch zur Hausbootbasis. Würden wir es schaffen, an diesem Tag noch die ersten Kilometer auf dem Wasser zu fahren?

Endlich an Bord

Nach dem Mittag waren wir an der Hausbootbasis der Marina Plau am See. An »unserem« Boot wurden gerade die Scheiben geputzt, sonst war alles fertig. Für die Vermieter ist der Samstag besonders arbeitsreich, weil an diesem Wochentag die meisten Bootswechsel erfolgen. Es herrschte rege Geschäftigkeit im gesamten Hafen. Zahlreiche Bootseigentümer werkelten an ihren Yachten oder brachten ihre Boote zu Wasser. Der Vorteil umfangreicher Serviceeinrichtung für die Wassersportler ging in der Marina eindeutig zulasten der Hafenromantik. Dafür gab es Parkplätze für das Auto fast direkt am Bootsliegeplatz. Nach einer herzlichen Begrüßung durch die Familie Wallmüller hatten wir Glück. Wir waren die ersten neuen Gästen und konnten ohne Wartezeit die Übernahme erledigen. Der Ablauf dazu folgt immer dem gleichen Prinzip. Prüfung des Bootes und der Ausrüstungsgegenstände außen und innen. Dann erfolgt die Einweisung in die Funktionen der Bordsysteme. Den Abschluss bilden die Formalitäten und die Hinterlegung der Kaution. Bei aller Freundlichkeit und gegenseitigem Vertrauen ist die Übernahme des Bootes ein Geschäft. Schließlich erhalten Sie ein Wertobjekt von meist deutlich über hunderttausend Euro. Sie wollen nicht für fremde Schäden aufkommen, und der Vermieter will nicht auf diesen sitzen bleiben. Folglich müssen Sie alle bestehenden Mängel erfassen, damit sie Ihnen nicht als selbst verschuldet bei der Rückgabe angerechnet werden und fast jedes Boot hat mit fortschreitender Saison kleine Schadstellen.

Die »Time-out« glänzte strahlend sauber in der Sonne, auf den ersten Blick wie neu. Während ich herumschaute, malte Herr Wallmüller bereits ein paar Kratzer in eine Schemazeichnung des Bootes, die mir erst jetzt auffielen. Auf der Suche nach weiteren Beschädigungen am Bug wäre ich fast über die Reling gefallen, aber eben nur fast. Der Spaß blieb den anderen vorenthalten und ich begnügte mich mit den Eintragungen des Vermieters. Die Ecken und Zierleisten am Heck sind gefährdete Stellen und waren leichter zu prüfen. Die Reling sollte nicht verbogen sein oder Risse im Bereich der Verankerung aufweisen. Achten Sie darauf, dass die Fender luftdicht und die Persenning einschließlich dem Gestänge in Ordnung sind. Meine Erfahrungen beim Bootscharter sind durchweg positiv, kein Vermieter will Ihnen etwas unterschieben, unklare Fälle oder Gebrauchsschäden werden eher großzügig behandelt.

Innen kamen wir reichlich ins Schwitzen, die Sonne brannte auf das Boot. Hören Sie sich die Hinweise zur Technik am besten zu zweit an. Was zunächst eindeutig klingt, ist eine Stunde später nicht mehr so klar oder schon wieder vergessen. Vielleicht kann sich der Partner dann noch erinnern. Außer der Notrufnummer zum Vermieter sind die Bootsabmessungen, besonders die Höhe mit und ohne Aufbauten wichtig. Auf der »Time-out« waren die Abmessungen in Form eines Typenschildes neben dem Steuerstand vermerkt. Super, warum nicht überall so. Vor der ersten Brücke, die Ihnen immer niedriger erscheinen wird, als sie tatsächlich ist, werden Sie für dieses Detail dankbar sein. Üblicherweise finden Sie die Daten in einem Ordner für die Bootsunterlagen. Falls es dieses Schild nicht gibt, notieren Sie sich die Angaben am besten vor der Abfahrt. Die Bootslänge benötigen Sie bei der Anmeldung in den Marinas, weil sich die Gebühr nach der Länge berechnet.

Wir waren mit der Einweisung schnell durch, bezahlten die Kaution, bekamen eine Quittung und unterschrieben die Vollständigkeit des Inventars. Herr Wallmüller verabschiedete sich und wünschte uns eine gute Reise. Falls weitere Fragen entstehen sollten, war er auf einem der anderen Boote noch verfügbar. Dort herrschte viel Aktivität und die neuen Besatzungen waren bereits mit dem Beladen ihrer Boote beschäftigt.

Kurze Pause im Salon. Jetzt begann das Abenteuer und wir konnten die Wasserwelt erkunden. Wir schauten auf die Weinflasche, die zur Begrüßung auf dem Tisch stand. Eine nette Geste. Im Moment war allerdings die Zeit dieser Flasche noch nicht gekommen. Bootfahren ist eine sehr abwechslungsreiche und vielseitige Freizeitbeschäftigung.

Dabei erscheinen eine Wochenfahrt viel länger als der gleiche Zeitraum im eintönigen Alltag. Ganze drei Wochen vor sich zu haben, war geradezu unendlich, ein berauschendes Gefühl, das es galt festzuhalten und sich bewusst zu machen. Die Gedanken daran sind noch heute gegenwärtig und helfen, wenn es besonders hektisch ist.

Wir blickten nochmals in die Runde des aufgeräumten Bootes, der Salon im Bug, die kleine Küchenzeile mit Bad und Toilette gegenüber, dahinter die Treppe nach oben zum Steuerstand. Weiter hinten wieder Stufen hinab zur Heckkabine. Ja, der nächtliche Weg treppauf und treppab zur Toilette ist nicht optimal, aber das ist der Kompromiss an die kompakte Form des Bootes.

Dann gingen wir es an, es nutzte ja nichts. Ich schleppte das Gepäck an Bord, meine Frau versuchte, die Sachen einigermaßen zu verteilen. Kurze Zeit später war das Boot voll, die Gänge verstellt. Dennoch konnten wir nicht ablegen. Wir mussten noch einkaufen fahren, um die Vorräte an frischen Lebensmitteln aufzufüllen.

Eine Stunde später war auch das erledigt und die zu kühlenden Dinge im Kühlschrank verstaut. Ein Bier ging gerade noch hinein. Liebe Bootsvermieter: Bitte verbauen Sie keine Kühlschränke mit einem Gefrierfach, das niemand braucht, weil es ohnehin nur Platz für ein paar Eiswürfel bietet, aber wertvollen Platz für die anderen Sachen blockiert und obendrein nur unnötig viel Energie verbraucht. Sicher ist es Ansichtssache, aber ich denke, die meisten Bootsfahrer können auf Eiswürfel verzichten.

Die übrigen Sachen räumten wir notdürftig beiseite, wir waren uns einig, an diesem Tag noch ein Stück zu fahren. Die technisch orientierte Marina bot wenig Reize, hier länger als notwendig zu bleiben. Wir wollten endlich auf das Wasser, alles ordentlich zu verstauen, konnten wir auch später erledigen. Landstromkabel ab, Leinen los und hinaus auf den Plauer See. Weite, Licht und Luft im Überfluss. Auf dem See war die Wasseroberfläche in einer allgemeinen Unruhe und kleine Wellen bewegten sich richtungslos hin und her. Sie machten aber unserer »Time-out« keine Probleme und der Bug schob sich ohne größere Auf- und Abbewegungen hindurch. Die Spitzen der Fender spielten mit den Wellenkämmen. Meine Frau befestigte zwei von ihnen ein Stück höher. Wir sind keine Freunde davon, die Fender nach jedem Ablegen an Deck einzusammeln, um sie beim nächsten Anlegen bald wieder ausbringen zu müssen. Soll man uns doch weithin als Hausboot-Charterkunden einstufen.

Anstatt die weitläufigen Ufer in Nord-Süd-Richtung zu erkunden, der See ist immerhin 14 km lang, nahmen wir den direkten Weg zum östlichen Ufer. Die Einfahrt am Ostufer war durch die entgegenkommenden Schiffe leicht auszumachen. Gleich hinter der Brücke fuhren wir am schönen Seehotel »Lenzer Krug« vorbei. Hier offenbarte sich eine völlig andere Welt. Draußen die Größe des rauen Sees, im Kanal Ruhe, bewaldete Ufer, Vogelgezwitscher. Ein Stück weiter belegt der Lenzer Hafen eine Bucht an diesem kurzen Kanalstück. Danach wurde der Wasserweg breiter und öffnete sich zum Petersdorfer See, auf dem uns zahlreiche Boote entgegenkamen und weitere an den bewaldeten Ufern ankerten. Die Autobahnbrücke der A19, die den See quert, unterbrach das Naturerlebnis, war aber schnell durchfahren.

Drehbrücke Malchow

Video 04: Von Plau am See nach Malchow

Nach eineinhalb Stunden Fahrzeit blickten wir auf Malchow mit der Altstadtinsel und der Drehbrücke. Da es bis zur vollen Stunde und der Öffnung der Brücke noch ein Stück dauerte, kreuzten wir auf dem See vor der Wasserfontäne mit der Klosterkirche im Hintergrund. Vor der neuen Drehbrücke hätten wir im Stadthafen anlegen können. Unser Ziel war aber der Wasserwanderrastplatz hinter dem Straßendamm, sodass wir am nächsten Morgen starten konnten, ohne die Brückenöffnungszeiten zu beachten. Hier gab es übrigens bereits 1863 die erst Drehbrücke, damals noch aus Holz. Das aktuelle Modell stammt von 2013. Mit der neuen Brücke scheint auch die Tradition weggefallen zu sein, dass der Brückenmeister mit dem Obstpflücker einen Obolus von den Besatzungen kassiert. Immerhin passieren jedes Jahr 20.000 Boote die Brücke. Zahlreiche Zuschauer gab es dennoch auf der Promenade. Entsprechend der Fließrichtung der Elde haben die Talfahrer Vorfahrt. Wir mussten also zunächst die entgegenkommenden Schiffe vorbei lassen. Kurze Zeit später machten wir am Steg auf der anderen Seite des Erddamms fest. Freie Plätze gab es ausreichend.

Ein Abendspaziergang durch den Ort und eine Rast im Biergarten direkt an der Drehbrücke waren ein guter Ausklang des Tages und sorgten dafür, dass mein eigenes Bier im Kühlschrank blieb. Die Kleinigkeit des Wegräumens an Bord erledigten wir später am Abend, bevor wir uns müde in die Koje verkrochen. Am folgenden Tag lag die Müritz vor uns, je nach Wetter ein nicht ganz alltägliches Erlebnis im Hausbootalltag.

Blick vom Plauer See auf den Fischerhafen am Leuchtturm in Plau am See

Der Stadthafen in Malchow mit der Klosterkirche im Hintergrund

Auf den großen Seen

Am nächsten Morgen weckte uns die Sonne, die schnell in der kleinen Heckkabine eine bedrückende Wärme entstehen ließ. Nachdem ich ein Seitenteil des Verdecks geöffnet hatte, kam kühle Luft in das Innere. Danach wandte ich mich dem Frühstück zu. Zuerst wurde die Kaffeemaschine in Betrieb gesetzt. Es waren Eier zu kochen und Brötchen auf dem Toaster aufzubacken. Das Boot wurde mit Strom am Steg versorgt, sodass ich die Küchengeräte nach Belieben zum Einsatz brachte. Beim Essen ließen wir uns Zeit und konnten entlang des Straßendamms auf die Altstadtinsel blicken. Nichts störte die morgendliche Ruhe. Andere Gäste am Anleger waren noch nicht zu sehen. Die meisten Boote lagen ohnehin unbewohnt am Steg. Unser Tagesziel am Bolter Kanal war 45 km entfernt. Ein schleusen- und brückenfreier Tag über die größten Gewässer Mecklenburgs, da gab es keinen Grund zur Eile.

Nachdem wir die üblichen Vorkehrungen zur Abreise getroffen hatten, legten wir ab. Zuerst überquerten wir den Fleesensee, darauf folgte der Kölpinsee. Beide Seen sind durch einen kurzen geraden Kanal verbunden. Der Sonnenschein kündigte an, dass es wieder warm werden würde. Wie am Vortag machten nur leichte Wellen dem Boot keine Probleme. Die zwei Gewässer haben eine rundliche Form von etwa fünf Kilometer Durchmesser. Wir benötigten eine gute halbe Stunde, bis wir das jeweils andere Ufer erreichten. Das Landschaftsbild mit den bewaldeten Ufern war in dieser Zeit annähernd gleich, der Motor brummte gleichmäßig im Inneren des Schiffes und die Schiffsführung erforderte weniger Aufmerksamkeit als in den engen Kanal- und Flussverläufen. Markierungstonnen in großen Abständen und die lang gezogene Reihe entgegenkommender Boote wiesen den Weg.

Eine gute Gelegenheit, drei historische Hausbootfahrer zu erwähnen, deren Reisebeschreibungen uns gedanklich immer wieder in den Sinn kamen. Zwei von ihnen waren erstaunlicherweise Engländer. Sie ließen sich von Geschichten über die sagenhaften Seen im fernen Mecklenburg und Brandenburg so faszinieren, dass sie mit ihren Booten den weiten Weg in Kauf nahmen, um diese Wasserwege zu erkunden.

Der erste Hausbootfahrer war Henry Montagu Doughty, ein englischer Landedelmann, der 1890/91 auf den Gewässern Mecklenburgs und Brandenburgs unterwegs war. Als Seekadett in der königlichen Marine hatte er Erfahrungen im Umgang mit Segelschiffen gesammelt, später studierte er Jura und arbeitete als Friedensrichter. Bereits mit 29 Jahren verlor er seine junge Frau und widmete sich von da an nur noch der Verwaltung des Erbes, einem englischen Landsitz und seinem Hobby, dem Segeln. Zunächst segelte er mit den Kindern auf den heimischen Gewässern, bis die Abenteuerlust nach unbekannten Wasserwegen verlangte. 1885 erwarb er einen alten, typisch englischen Lastensegler, eine sogenannte Wherry. Doughty ließ das Frachtschiff umbauen, mit Kabinen und einigen Annehmlichkeiten der Zeit ausstatten und nannte das Schiff „Gipsy". Von 1887 bis 1889 bereiste er in den Sommermonaten alle friesischen Gewässer und unternahm eine Rundfahrt in den übrigen Niederlanden. 1890 machte er sich dann mit diesem Boot, seinen zwei Töchtern, einem Butler, der als Koch und Steward an Bord war sowie zwei Seemännern, von denen einer deutsch sprach, auf den Weg nach Mecklenburg.

Ihr Schiff war mit 16 m fast doppelt so lang wie unseres, hatte aber nur einen Tiefgang von 60 cm. Im Bug befand sich eine komfortable Damenkabine mit Bad, das mit kaltem Wasser versorgt wurde. Der Salon war mittig angeordnet. Im Heck war die Männerkabine, ebenfalls mit Bad sowie eine Küche untergebracht. In dieser Größe und Ausstattung zog das Boot natürlich überall die neugierigen Blicke der Bewohner auf sich. Seine Reiseerlebnisse veröffentlichte er 1892 unter dem Titel »Our Wherry in Wendish Lands«. Nach über 100 Jahren erschien die deutsche Übersetzung »Mit Butler und Bootsmann«.

Der zweite Hausbootfahrer war 1929, fast 40 Jahre später, wesentlich bescheidener unterwegs, wurde aber nicht weniger von den Einheimischen bestaunt. Er veröffentlichte seinen Reisebericht unter dem Pseudonym Cecil Scott Forester. Die deutsche Übersetzung trägt den

Titel »Eine Bootsfahrt in Deutschland«. Bei dem Berufsschriftsteller war es vor allem dessen Frau, die ihn zu der Reise auf den deutschen Gewässern animierte. Zu zweit waren sie in dem kleinen Motorboot »ANNIE MARBLE« unterwegs, das 5 m lang und 1,5 m breit war und einen Tiefgang von nur 10 cm hatte. Ein Zelt, das über ein Gestänge gespannt war, schützte vor den Unbilden des Wetters. Ein Außenbordmotor mit sechs PS sorgte für den Antrieb seines »Wohnbootes«, wie es Forester bezeichnete.

Jeder der beiden Bootsfahrer hielt sich für den ersten Engländer, der diese Gewässer befuhr. Für Doughty dürfte das mit hoher Wahrscheinlichkeit zutreffen, Forester war bei den Vorbereitungen und Recherchen zur Reise nicht auf seinen maritimen Vorfahren gestoßen. Beide kamen von Dömitz über Schwerin die Elde entlang und überquerten ähnlich problemlos wie wir den Plauer See. Forester machte mit seiner Frau in Malchow Einkäufe und konnte eine erneuerte Variante der Brücke passieren. Zu Doughty´s Zeiten gab es noch die hölzerne Drehbrücke aus dem Jahr 1863, die er zunächst gar nicht wahrnahm. Erst als er verdutzt vor dem Straßendamm umkehren musste, bemerkte er das Bauwerk. Diesen Damm gab es bereits seit 1846, er war aber nicht in Doughty´s Karte eingezeichnet. Nachdem er die Brücke durchfahren hatte, ankerte er am Südende des Dammes auf der anderen Seite, also genau dort, wo wir unser Boot am Steg festgemacht hatten, den es damals natürlich noch nicht gab.

Mit Marie von Bunsen zählte auch eine deutsche Frau zu den frühen Wassertouristen, die Reiseberichte für die Nachwelt verfassten. Die unterschiedlichen Erfahrungen, Zeitepochen und die persönlichen Formulierungen machen diese Berichte lesenswert und es war immer wieder interessant, den Vergleich zu unseren eigenen Erlebnissen auf den häufig gleichen Streckenabschnitten zu ziehen. Marie von Bunsen war eine selbstbewusste Berliner Adlige, die als emanzipierte Frau zahlreiche Reisen unternahm. 1915 war sie mit ihrem Ruderboot »Formosa« allein auf der Elde unterwegs und befuhr von Schwerin kommend auch die Müritz. Ähnlich wie bei Forester war sie auf ihrem

Boot nur durch ein Zeltdach vor Sonne und Regen geschützt. Obendrein kam sie meist nur rudernd vorwärts, bei günstigem Wind konnte sie ein kleines Segel nutzen. Einen Motorantrieb hatte ihr Ruderboot nicht. Eine beeindruckende Leistung nicht nur physischer Art, denn sie ruderte über alle großen Mecklenburger Seen einschließlich der Müritz, und das während des Ersten Weltkrieges, einer politisch schwierigen Zeit.

Bunsen konnte nicht auf ihrem Boot übernachten, sie quartierte sich abends an Land ein. Forester übernachtete auf seinem »Wohnboot«. Die Ausstattung war natürlich nicht mit heutigen Hausbooten zu vergleichen. Die Leistung der Freizeitkapitäne wird damit umso erstaunlicher. Auf unserer Tour gab es immer wieder Erlebnisse, die uns an die historischen Reiseberichte erinnerten.

Mit diesen Gedanken hatten wir den Kölpinsee erreicht und ließen den Damerower Werder links liegen. Westlich der Halbinsel gibt es eine schmale Durchfahrt in den Jabelschen See mit einem Anleger in Jabel. Vor einigen Jahren sind wir schon einmal auf dem abgeschiedenen See gewesen. Auf dem Damerower Werder gibt es seit 1957 ein Wisentreservat. Hier leben drei Herden der vom Aussterben bedrohten Tierart unter weitgehend natürlichen Bedingungen. Einzelne von ihnen können in den Schaugehegen beobachtet werden. Der Bootsanleger zum Erlebnisbereich befindet sich im Jabelschen See. Mit etwas Glück sehen Sie die Tiere auch vom Boot aus, da sie sich auf der Halbinsel frei bewegen können und mitunter bis an das Wasser kommen.

Nach den großen Wasserflächen der Seen wirkte die Durchfahrt vom Kölpinsee zur Müritz sehr beschaulich. Auf halber Strecke kamen wir an der Marina Eldenburg vorbei. Gegen elf Uhr blickten wir auf das Wasser der Binnenmüritz. Die Stadt Waren ließen wir links liegen und fuhren südlich auf die Müritz hinaus. Da war es nun, das kleine Meer, wie es sich im Slawischen nannte, die Königin der Seen. Die Müritz ist der größte deutsche Binnensee, der komplett in Deutschland liegt. Blaues Wasser fast bis zum Horizont. Das südliche Ufer ist im fernen Dunst gerade noch zu erkennen. Eine Gefahr für die Schifffahrt entsteht durch die geringe Wassertiefe von wenigen Metern. Dadurch kann der Wind auf der großen Wasserfläche bereits bei niedriger Stärke kurze, steile Wellen verursachen. Ab Windstärke vier wird es schon ungemütlich. Diese Stärke wird wie folgt beschrieben: An Land bewegen sich die Zweige und loses Papier wird vom Boden aufgehoben. Auf dem Wasser haben die Wellen sehr häufig Schaumköpfe. Mit diesen Eigenschaften empfindet man die Stärke keineswegs als bedrohlich. Bei einem solchen Wetter hatten wir die Müritz schon einmal überquert und die Gischt spritzte bis auf das Oberdeck, wenn das Boot in die Wellen eintauchte. Das hatte meine Frau noch in unangenehmer Erinnerung. Diesmal war kaum ein Wind zu verspüren. Trotzdem wurde der Seegang größer, je weiter wir auf das offene Wasser kamen. Wir wollten einen Zwischenstopp in Röbel einlegen, deshalb wählten wir den Kurs am westlichen Ufer. Damit fuhren wir parallel zu den Wellen, was dem leichten Boot gar nicht gut bekam. Die Gläser im Schrank begannen sich zu melden. Somit musste ich immer wieder gegen die Wellen kreuzen, in einem Kompromiss zwischen weniger Seitenwellen und nicht gleich dreifacher Wegstrecke. Dennoch war es eine rechte Schaukelei. Obwohl die Müritz bis auf markierte Bereiche in der Mitte des Sees eine ausreichende Wassertiefe hat, kann es verwirrend sein, wenn der Tiefenmesser weit ab vom Ufer nur zwei Meter anzeigt.

Als wir endlich in die Bucht von Röbel einfuhren, wurde das Wasser ruhiger. Neben Plau und Güstrow gehört Röbel zu den frühen slawischen Stadtgründungen in Mecklenburg. Die Stadt ist aus der Ferne an zwei gewaltigen Kirchtürmen zu erkennen. Beide Kirchen stammen aus dem 13. Jahrhundert und symbolisieren eine jahrhundertealte Trennung in verschiedene Stadtteile. Die Altstadt mit der Marienkirche am heutigen Hafen gehörte zum Bistum Schwerin, während die Neustadt mit der St.-Nikolai-Kirche Teil des Bistums Havelberg war. Die wohlhabenderen Neustädter grenzten sich bis ins 19. Jahrhundert von den Altstädtern ab und unzählige Rechtsstreitigkeiten zwischen den Stadtteilen bestimmten die Geschichte.

Die Marina Röbel liegt etwas außerhalb am rechten Ufer. Für unseren Besuch der Stadt wählten wir den Stadthafen direkt an der Altstadt. Kurz nach dem Mittag konnten wir an der schönen Uferpromenade festmachen und für zwei Euro als Kurzlieger zur Mittagsrast verweilen. Röbel ist ein lebendiges Städtchen mit vielen farbenfrohen Fachwerkhäusern und einem mittelalterlichen Stadtcharakter. Ein Spaziergang durch die Stadt, Fischbrötchen am Fischhaus Meyl und ein Eis als Nachtisch am Hafen waren eine willkommene Abwechslung zum Navigieren durch die Wellen.

Ganz anders empfing die Stadt den Hausbootfahrer Doughty, der mit seinem Segler hier ebenfalls anlegte. Ihm blieben nur die »sonnenbadenden Katzen« und die »dreckigen Rinnsteine« in Erinnerung. Bewohner sind ihm nur wenige begegnet. Dafür hatte er Kunde von einer Heilquelle, die es allerdings bei seiner Reise 1890 nicht mehr gab. Tatsächlich berichten historische Quellen von einem Brunnen am Weg nach Minzow außerhalb der Stadt, dessen Wasser Lahme und Kranke wundersam geheilt haben soll und die aus Gründen der Habsucht und Böswilligkeit entweiht wurde und versiegte. Dabei vermischen sich Sage und Überlieferung miteinander.

Nach der Stippvisite ging es wieder hinaus auf den See. Unser Ziel für den abendlichen Liegeplatz war der Bolter Kanal. Das bedeutete nochmals 12 km quer über den südlichen Teil der Müritz bis an das Ostufer zu fahren. Das Wetter und damit der leichte Wellengang hatten sich nicht verändert. Mit dem neuen Kurs steuerten wir weitestgehend gegen die Wellen und das Boot schwankte weniger, worüber wir recht froh waren. Die Müritz ist für einen Urlaubsskipper eben doch eine Herausforderung, die man nicht als belanglos abtun und bei schlechtem Wetter besser überhaupt nicht angehen sollte. Am späten Nachmittag kam das östliche Ufer allmählich näher, wobei eine Einfahrt in den Kanal noch nicht auszumachen war. Aber alles sprach dafür, dass unsere dritte Müritzüberquerung ein gutes Ende nehmen würde.

Röbel an der Müritz

Einfahrt in den Bolter Kanal am Ostufer der Müritz

Kanalidylle an der »Alten Fahrt«

Die beiden englischen Hausbootvorfahren hatten ebenfalls den Bolter Kanal angesteuert und die Müritz überquert. Doughty war sogar mehrere Wochen in diesen Gewässern unterwegs. Er erlebte die Seen von ihrer sonnigen Seite aber auch bei einem enormen Wind, gischtgefüllter Luft und einer Gewalt, wie sie ihm auf Binnengewässer noch nicht begegnet war. Forester fuhr 1929 bei zunehmend schlechtem Wetter über den Müritzsee. Die Wellen hoben das Boot teilweise aus dem Wasser, sodass der Propeller des kleinen Motors lautstark aufheulte. Vor der Einfahrt in den Kanal schlugen die Wellenkämme fast über die niedrige Bordwand. Nach der Überfahrt zählte sich Forester selbst zur »auserlesenen Schar« derer, die den See bezwungen hatten. Man hatte ihm berichtet, dass ein Jahr zuvor sieben Menschen bei der Fahrt über den See ertrunken waren.

Umso erstaunlicher ist die Leistung von Marie von Bunsen, die mit ihrem Ruderboot ebenfalls die Müritz überquerte. Wohl hatte sie von den Gefahren einer derartigen Unternehmung gelesen und gehört. Deshalb hätte sie sich am liebsten von einem Dampfer über den See ziehen lassen, sie konnte allerdings keinen Kapitän finden, der sie in Schlepp nahm. An einem Augusttag ruderte sie von Waren los, zunächst mit Unterstützung ihres Segels, dann hielt sie sich rudernd am östlichen Ufer. Im klaren Wasser sah sie mehrere Untiefen, lief sogar einmal auf, kam aber wieder frei. Der Wind frischte auf und die seitlichen Wellen machten ihr arg zu schaffen. Hochbeglückt fand sie am Nachmittag die Einfahrt in den Bolter Kanal, der ihr genauso lieblich erschien, wie uns. Im Rückblick schätzte sie selbst ein, dass sie vielleicht die erste Frau war, die in einer »so dilettantisch mangelhaften Kenntnis im Segeln« den See überquerte. Nachdem wir nun eine gewisse Erfahrung mit dem See hatten, stand uns nicht der Sinn danach, jemals eine Überfahrt mit dem Ruderboot zu versuchen. Diese mutige Frau sollte uns am Ende unserer Reise auf dem Schweriner See und auf der Elde nochmals begegnen.

Der Bolter Kanal hat den Charme seiner vergangenen Nutzungszeit bewahrt. Der Wasserweg war früher die einzige Verbindung von der Müritz zu den Brandenburger Gewässern. Auf der »Alten Fahrt« gelangte man über eine Kette von kleinen Seen und Kanälen bis zum Mirower See und zur Kleinseenplatte. Diese Schiffsverbindung wurde durch den Mirower Kanal abgelöst, der weiter südlich von der »Kleinen Müritz« bis Mirow führt. Heute ist die »Alte Fahrt« für den Motorbootverkehr gesperrt, die Schleusen wurden vor langer Zeit zugeschüttet. Mit muskelbetriebenen Booten, die sich umtragen lassen, ist die reizvolle Strecke weiterhin befahrbar. Mit Motorbooten kann man nur noch etwa einen Kilometer in den Kanal einfahren. Ein lohnender Zwischenstopp ist das auf jeden Fall.

Forester traf mit seiner Frau an dieser Stelle auf ein Dutzend Kajütboote, deren Crews hier ihre »Sommerfrische« verbrachten. Beide verblieben eine Weile am Kanal. Die Gastfreundschaft der Bootsleute blieb ihnen in besonders guter Erinnerung. Ebenso das Erlebnis, dass die Sommerfrischler am Abend im Kreis standen und sich Schnaps aus »stattlichen Gläsern« scheinbar sinnlos einverleibten. Sie selbst machten mit ihrem kleinen Boot im Schilf fest, während die größeren Yachten an den Stegen lagen.

Das östliche Ufer lag in der heißen Nachmittagssonne, als wir uns diesem näherten. Ein dichter niedriger Wald und ein schmaler grüner Uferstreifen wirkten wie ein fremdes, unbekanntes Land. Zahlreiche Segel- und Motorboote ankerten in Ufernähe. Wir fühlten uns ein wenig wie die früheren Entdecker, die nach langer Überfahrt endlich das ersehnte Festland gefunden hatten, ohne zu wissen, was sie dort erwartete.

Das weiße Einfahrtszeichen war eine große Hilfe, um die Zufahrt überhaupt zu finden. Gleich links befand sich zwischen zwei massiven Eisenpfählen eine Holzplattform, auf der etliche Passagiere, meist mit Fahrrädern auf das nächste Schiff der Fahrgastschifffahrt warteten. Der Anleger Bolter Kanal ist in den Linienverkehr der »Weißen Flotte« auf der Müritz eingebunden. Der Anlegestelle folgte ein langer Holzsteg, an dem sich die festgemachten Boote aufreihten. Segelboote, kleine und große Motoryachten und beiderseits ein fast urwaldartig bewachsenes Ufer boten ein sehr liebliches Bild. Der Wellengang auf der Müritz hatte uns bis zur Kanaleinfahrt begleitet und blieb draußen auf dem See. Hier hatte das Wasser seinen Frieden gefunden. Mit dem Sonnenschein im Rücken fuhren wir langsam den Kanal hinauf. In regelmäßigen Abständen führten Stichwege vom Steg in das scheinbare Dickicht des Waldes. Ein Stück weiter fanden wir einen freien Platz, wendeten das Boot gegen die Sonne und legten an.

Am Bolter Kanal

Video 05: Am Bolter Kanal

Pflichtbewusst sollte uns der erste Weg zum Hafenbüro führen. Ein Schild wies in das Innere des Waldes. Dabei trafen wir auf die »Bewohner« des unbekannten Landes. Gleich hinter dem Strauchwerk des Ufers erstreckte sich ein lichtdurchfluteter Hochwald, unter dem sich ein großer Campingplatz ausbreitete. Zelte, Wohnwagen und Wohnmobile, Anhänger mit Paddelbooten, Campingstühle und Tische, spielende Kinder, Fahrradfahrer und geschäftige Camper, die mit Wasserkanistern und Grills hantierten. Wir nahmen einen der Wege, von dem wir annahmen, dass er zur Rezeption und zum Hafenbüro führte. Nach einem langen Weg, der uns schon an der korrekten Richtung zweifeln ließ, kam ein großes Gebäude in Sicht. Eine asphaltierte Straße, Parkplätze mit Autos und eine ganze Siedlung Ferienhäuser zeigten uns, dass wir hier wieder in der Zivilisation waren. Wir entrichteten unsere Liegegebühr und nahmen noch verschiedene Prospekte in Empfang. Auf die Frage nach dem Weg zur Bolter Mühle hatte uns die Dame an der Rezeption empfohlen, den Weg parallel zum Kanal zu gehen. Alternativ gäbe es einen Weg durch das Feriendorf und an der Straße entlang. Wir entschieden uns natürlich für die erste Variante und gingen zunächst über den Campingplatz zurück zum Boot, legten die Prospekte ab und folgten dem Steg am Kanal. Nach einem guten Stück Weges machte der Wasserlauf und damit unser Pfad eine Linksbiegung und führte dann an einem Feld in weitem Bogen zu einer Wegkreuzung. Links ging es zurück zum »Feriendorf Müritzufer«, rechts zur Bolter Mühle, in dessen Umgebung eine neue Ferienhaussiedlung entstand. Mit dem vorangegangenen Weg zur Rezeption waren wir inzwischen eine Stunde unterwegs, was meine Frau zu der Aussage verleitete: »Urlaub mit dir ist anstrengend«.

Die Geschichte der Bolter Mühle reicht bis in das 17. Jahrhundert zurück. Rund einhundert Jahre später, 1775, wurde der Bolter Kanal erneuert und die Bolter Schleuse fertiggestellt. Damit gab es erstmals eine schiffbare Verbindung von den Mecklenburger Gewässern nach Berlin. Der Kanal und die Schleuse standen fortan im politischen Interesse von Mecklenburg-Schwerin, Mecklenburg-Strelitz und Preußen, weil sie nicht nur den Schiffsverkehr ermöglichten, sondern auch den Zufluss von Wasser aus der Müritz in die Havel regulierten. Die Mühle arbeitete bis 1910. Der Wasserweg zur Havel führte ab 1936 über den neuen Mirower Kanal und der Bolter Kanal wurde für die Schifffahrt gesperrt. 1956 verfüllte man die Schleuse. Seit 2015 gibt es am alten Mühlengraben wieder ein Wasserschaurad. Für die Paddler wurde an der ehemaligen Schleuse eine Umtragestelle eingerichtet. Nachdem wir das Gelände erkundet hatten, traten wir den Rückweg an. Diesmal folgten wir an der Wegkreuzung nicht dem Kanal, sondern nahmen den direkten Weg zum Feriendorf, das wir wenig später erreichten. Diese Variante war damit um einiges kürzer. Den Abend verbrachten wir an Bord und saßen lange bei offenem Verdeck an der frischen Luft, blickten auf den Kanal, die Boote und die grüne Wildnis am anderen Ufer. Die Begrüßungsflasche Wein hatte nun ihre Lagerzeit beendet. Wir tranken ein Glas auf den schönen Liegeplatz, auf das traumhafte Wetter und die bisher gute Fahrt. Der nächste Tag würde uns durch eine Vielzahl von Seen führen. Gefährlichen Wellengang mussten wir nicht fürchten, wohl aber das Risiko langer Wartezeiten an den Schleusen.

Blick vom Strand am Bolter Kanal auf die Müritz

Die Vielfalt der kleinen Seen

Am nächsten Morgen waren wir früh auf den Beinen. Die Tagestour sah vor, möglichst viel Wegstrecke auf der Kleinseenplatte dem Land Brandenburg entgegen zurückzulegen, auch wenn dieses Revier besonders schön und abwechslungsreich ist. Mehrere Touren führten uns bereits über diese Gewässer, deshalb waren wir in freudiger Erwartung der unbekannten Wasserwege südlich von Fürstenberg. Kurz nach acht Uhr legten wir ab. Die Wasseroberfläche im Kanal war spiegelglatt. Die Boote am langen Steg lagen in morgendlicher Ruhe, als wir erneut auf die Müritz hinausfuhren. Der Kurs führte uns am südlichen Ufer entlang. Das Wasser auf dem See war fast ebenso glatt wie im Kanal, es gab sie also doch, die wellenfreie Müritz bei wolkenlosem Himmel. »So gefällt mir das«, meinte meine Frau.

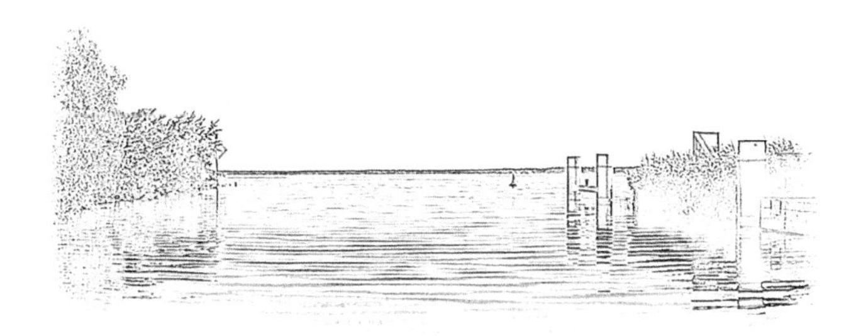

Ausfahrt vom Bolter Kanal auf die Müritz

Video 06: Vom Bolter Kanal zur Kleinseenplatte

Das Hafendorf Müritz mit der Einfahrt in die Marina Claassee ließen wir links liegen. Ein Stück weiter darf man sich nicht täuschen lassen und ungeduldig die nächstfolgende Bucht als Weg nach Süden ansehen. Die Ausfahrt aus dem See ist erst am Westufer möglich und man kann ruhig einen größeren Abstand zum Ufer halten. Wenig später erreichten wir die »Kleine Müritz«, eine große südliche Bucht mit einer vergleichsweise schmalen Zufahrt aus dem Hauptsee.

Trotz Wasserkarte und vielleicht vorhandenen Ortskenntnissen gibt es hin und wieder Momente navigatorischer Unsicherheiten. Manchmal verschätzt man sich in den Entfernungen, ist sich bei den Tonnen unschlüssig, wenn diese schlecht auszumachen sind oder kann Inseln nur schwer vom Festland unterscheiden. Die »Kleine Müritz« ist wahrscheinlich mein persönlicher Problemfall. Obwohl das Gewässer gut zu überblicken ist, verfahre ich mich hier regelmäßig beziehungsweise bin unsicher, wo es denn lang geht. Von Norden kommend führt jeweils ein Fahrwasser links zum Hafen Rechlin, geradeaus Richtung Mirower Kanal und rechts in den Müritzarm nach Buchholz. Der flache See ist entsprechend reichlich mit roten und grünen Tonnen bestückt. Auch diesmal diskutierten wir wie immer über den richtigen Weg, während die Tonnen schneller als gewollt auf uns zu kamen. Sie zwangen zur Entscheidung und ich landete diesmal im Fahrwasser nach Buchholz. Wir diskutierten erneut, meine Frau hatte recht und wir wendeten. Am Ende fragte ich mich, wo denn das Problem lag, im Grunde war die Beschilderung eindeutig. Ich hoffe, Sie machen es besser. Später im Mirower Kanal herrschte dann wieder Harmonie zwischen uns.

Der zunächst falsch gewählte Weg auf dem Müritzarm Richtung Buchholz ist prinzipiell sehr schön. Ein 200 bis 300 m breiter und acht Kilometer langer Wasserarm schlängelt sich durch eine waldreiche Gegend. Auf halber Strecke mündet die Elde in dieses Gewässer. Ihr Quellgebiet liegt nur sechs Kilometer südlich des Plauer Sees. Der Flussverlauf beschreibt aber einen weiten Bogen durch die großen Seen und legt von der Quelle bis zum Plauer See ganze 80 km zurück, eine

Strecke, die wir inzwischen hinter uns hatten. Dass wir auf diesem Abschnitt gegen den Strom gefahren sind, merkten wir nicht.

Am Ende des Wasserarms befindet sich eine Marina mit Schwimmstegen mitten im See. Hier haben auch Hausbootvermieter ihre Boote liegen, weil die Basis ein guter Ausgangspunkt zum Hausbootrevier ist. Der kleine Ort Buchholz ist unspektakulär und vermittelt die Ruhe mecklenburgischer Ländlichkeit.

Glücklicherweise hatten wir ja rechtzeitig den Kurs korrigiert und waren auf dem Mirower Kanal unterwegs, der an der Schleuse Mirow endet. Diese brachte für uns eine Versöhnung mit dem Wasserweg. Wo an manchen Tagen der Hochsaison Boote drei bis vier Stunden warten müssen, war kein einziges zu sehen. Die mächtigen Schleusentore hoben sich für uns allein, was wir selbst in der Nachsaison noch nicht erlebt hatten. Da fragt man sich gleich, ob den etwas passiert sei, oder man eine Sperrung des Kanals übersehen hatte. Aber es ging alles seinen normalen Gang, das Glück war einfach nur auf unserer Seite. Wenige hundert Meter nach der Schleuse befindet sich der Abzweig in den Mirower See. Dieser ist das südliche Ende der »Alten Fahrt«. An der Gegenseite am Bolter Kanal hatten wir am Morgen abgelegt.

Der Ort Mirow mit dem Schloss und der Johanniterkirche auf der Schlosshalbinsel verdient die Empfehlung für einen Zwischenstopp. Den Kirchturm kann man über 146 Stufen bis zur Aussichtsplattform in 29 m Höhe ersteigen. Von dort hat man einen tollen Blick auf den See und die Umgebung.

Der Schlossbau stammt aus der Mitte des 18. Jahrhunderts, nachdem der Vorgängerbau durch einen Blitzeinschlag den Flammen zum Opfer gefallen war. Das Schloss diente als Nebenresidenz der Herzöge von Mecklenburg-Strelitz, die ihren Hof in Neustrelitz hielten. In der Ausstellung widmet sich das Schlossmuseum unter dem Titel »Drei-Königinnen-Palais« der Geschichte des Herzogtums Mecklenburg-Strelitz. Sophie Charlotte von Mecklenburg-Strelitz wurde 1744 in Mirow geboren und genoss hier eine sehr umfassende Ausbildung. Infolge eines Beschwerdebriefes, den sie an den preußischen König verfasste, wurde der englische König Georg III. auf sie aufmerksam. Er machte sie als 17-Jährige zur Königin von Großbritannien und Irland, was sie 57 Jahre bis zu ihrem Tod blieb. Ihre Nichten wurden ebenfalls in jungen Jahren zu Königinnen, auch wenn deren Leben nicht so glücklich verlief. Frederike wurde in dritter Ehe Königin von Hannover. Ihre Schwester Luise wurde Königin von Preußen. Beiden sollten wir im weiteren Verlauf unserer Reise noch einmal begegnen. Nach der Glanzzeit des Schlosses im 18. Jahrhundert verlor das Anwesen zunehmend an Bedeutung. Als Doughty 1891 den Ort besuchte, war dieser wenig anziehend mit »grasbewachsenem Kopfsteinpflaster« und das Schloss war ein »großes, weißes, heruntergekommenes Gebäude«.

Das inzwischen aufwendig sanierte Bauwerk ist vor allem in seinem inneren Erhaltungszustand einzigartig, da die meisten ehemaligen Residenzen des Hauses Mecklenburg-Strelitz nicht mehr existieren oder als Gebäudehülle ein tristes Dasein fristen. Besonders sehenswert ist der barocke Festsaal, der den großen Schlossbrand überdauerte. Er repräsentiert noch den ursprünglichen Bauzustand von 1710. Vom Schlossensemble, das von einem englischen Landschaftsgarten umgeben ist, gelangt man über eine romantische schmiedeeiserne Brücke auf eine kleine Insel, unter deren schattenspendenden Bäumen man verweilen und auf den See und die Bootsanleger blicken kann. Hier befindet sich die Grabstelle von Adolf Friedrich VI., dem letzten Großherzog von Mecklenburg-Strelitz. Sein Freitod 1918 mit 36 Jahren wurde nie ganz aufgeklärt und ist von Spekulationen umrankt. Die abgebrochene Säule am Grab symbolisiert das zu früh beendete Leben und die Schlange, die sich darum windet, stellt die Versuchung dar, welcher Art diese auch immer für den jungen Herzog gewesen sein mag. Deutungen bis zu Verschwörungstheorien gibt es viele. Der Schriftzug »Gott ist die Liebe« an der Seite des Grabes führte zum Namen »Liebesinsel« für das verträumte Landstück.

Blick über den Mirower See mit dem Anleger an der Schlosshalbinsel

Diese romantische Brücke verbindet die Schlosshalbinsel in Mirow mit der kleinen »Liebesinsel«

Im Mirower See hat man eine Auswahl an verschiedenen Anlegern, zum Beispiel direkt an der Schlosshalbinsel oder nördlicher am Strandrestaurant, wo sich von der Terrasse der See gut überblicken lässt. Das Strandbad mit Sandstrand und Liegewiese gleich nebenan ist vielleicht ein Grund, hier etwas länger zu verweilen.

Mirow bedeutet im Slawischen »Ort des Friedens«, den man auf dem See, bei Spaziergängen an dessen Ufern sowie im Schlosspark finden kann. Wir hatten den Ort auf vorangegangen Touren schon ausgiebig erkundet, deshalb setzten wir unseren Weg ohne Zwischenhalt zu der Seenlandschaft fort, die uns an diesem Tag noch erwartete.

Die Kleinseenplatte zwischen Mirow und Fürstenberg ist ein wahres Hausbootparadies. Schmale und gewundene Wasserwege münden in Seen von überschaubarer Größe mit romantischen Ankerbuchten, in denen man allein mit sich und der Natur ist. Die meisten Ufer sind bewaldet und immer wieder reihen sich bunte Bootshäuser wie an einer Schnur auf. Kaum hat man den Anblick ausreichend genossen, führt ein flussähnlicher Verlauf in den nächsten See. Jede Biegung offenbart eine neue Perspektive und die Wasserwege sind gerade so lang, dass sie nicht langweilig werden. Häufig sind Seen von länglicher, gewundener Form, wodurch der Blick auf deren Ende bis zuletzt spannend bleibt.

Man darf sich von unserer zügigen Fahrt durch dieses Seenlabyrinth nicht irritieren lassen. Die Gewässer verdienen einen längeren Aufenthalt, den wir auf vorangegangenen Touren auch ausgiebig genossen haben.

Forester schrieb in seinem Reisebericht, dass man auf jedem See mindestens vierundzwanzig Stunden verweilen sollte, um die verschiedenen Lichtstimmungen einzufangen und mehrere Liegeplätze zu erkunden. Da hat er durchaus recht, aber ein Jahr würde dafür wohl nicht reichen. Bisher waren wir dafür zu ungeduldig, uns haben immer neue Entdeckungen vorangetrieben. Gedanklich habe ich es schon vorgemerkt, vielleicht sogar mit einem komfortablen Bungalowboot in einem abgelegenen See für eine Woche zu ankern und die Zeit mit Lesen, Entspannen und wenn der Bedarf besteht, mit einem Einkauf per Beiboot zu verbringen. Die Kleinseenplatte halte ich für das beste und schönste Ankerrevier der Mecklenburger und Brandenburger Binnengewässer. Nirgends gibt es trotz des reichlichen Hausbootverkehrs so viele einsame Buchten, sandige Untergründe und günstige Wassertiefen für das Ankern.

Nach Mirow folgte der Zotzensee und der Vilzsee und die Erinnerungen wurden wieder lebendig. Auf unserer ersten Bootstour haben wir im Großen Peetschsee gleich am zweiten Tag geankert, weil die Schleusen schon geschlossen waren und wir nicht weiter kamen. Damals bin ich am Abend jede Stunde raus und habe den Anker kontrolliert. Heute sehen wir vieles entspannter.

An der Schleuse Diemitz mussten wir einen Schleusenvorgang abwarten, dafür waren wir in Canow an vorderster Stelle und wurden nach kurzem Halt geschleust. Auf dem Kleinen Pälitzsee konnten wir am Südufer die Marina »Boot und Mehr« sehen. Dabei blickten wir uns nur verschmitzt an. Hier hatten wir einmal einen lustigen Trinkabend abgehalten. Zum Glück war der Weg vom Biergarten zum romantischen Steg im Schilf nur ein paar Meter. An der Marina vorbei führt der Wasserweg in die Rheinsberger Gewässer. Wir blieben jedoch auf dem Hauptfahrwasser und steuerten weiter Richtung Osten.

Bis auf meine Irritation auf der Kleinen Müritz kamen wir gut voran. Auf dem Wasser war reichlich Bootsverkehr, aber die Schleusen konnten wir ohne längere Wartezeiten passieren. Im Ort Strassen hatten wir weniger Glück. Bereits bei der Anfahrt über den Großen Pälitzsee sahen wir vor der Ausfahrt aus dem See mehrere Boote scheinbar planlos auf dem Wasser treiben. Beim Näherkommen bewahrheitete sich unsere Vorahnung. Die Reihe der Wartenden staute sich bis in den See und wir waren an hinterster Stelle. Vom See bis zur Schleuse sind es immerhin 400 m, Platz für viele Boote. Zwei weitere Hausboote, die wir kurz zuvor überholt hatten, drehten nach Erfassen der Situation gleich wieder um. Einen Ankerplatz zu suchen, dafür war es uns noch zu früh. Somit blieb nur geduldiges Warten. Zum Glück herrschte weitestgehend Windstille und das Schiff ließ sich mit wenig Gegensteuern auf der Stelle halten. Die Sonne strahlte, aus der Bordküche zauberte meine Frau eine kleine Zwischenmahlzeit hervor und die Natur bereicherte mit einer schönen Kulisse. Ein solches Stauerlebnis ist mit dem Straßenverkehr nicht zu vergleichen.

Nach etwa einer Stunde kamen wir in den Genuss eines Warteplatzes am langen Steg, sodass wir das Boot immer per Hand vorwärts ziehen konnten, wenn die Schleuse wieder ihre Tore öffnete, was ungefähr aller 30 Minuten erfolgte. Weitere zwei Stunden später waren wir an der Reihe.

Zu den ausfahrenden Booten aus der Schleuse gehörte auch der Wasserkiosk von Jens Winkelmann, der im Fernsehen schon durch viele TV-Sendungen über die Mecklenburger Gewässer geschippert ist. Bei ihm kann man die Bestände der Bordküche auffüllen. Kuchen sowie selbst geräucherte Forellen und Saiblinge sind wohl besonders zu empfehlen. Gern hätten wir etwas gekauft, aber nach der langen Wartezeit wollten wir unseren Platz für den folgenden Schleusengang nicht opfern. Deshalb blieb es bei einem Foto, wofür uns sofort das Schild »Erst kaufen, dann Knipsen« präsentiert wurde.

Weiter ging es auf dem Ellbogensee, einem typisch lang gestreckten See von fast vier Kilometer. Durch zwei Biegungen sieht man immer nur ein Teilstück, wodurch die Fahrt abwechslungsreich bleibt. Kurz vor der Marina Priepert zweigt der Wasserweg Richtung Neustrelitz ab, den wir auf dieser Tour ebenfalls nicht ansteuerten. Ein Stück weiter konnten wir die Schleuse Steinhavel ohne größere Wartezeiten passieren. Wir beschlossen, für das Nachtlager Fürstenberg anzusteuern. Dort erwartete uns noch die Stadtschleuse, die doppelt so breit ist und dadurch mehr Boote aufnehmen kann. Wir mussten nur die aktuelle Schleusung abwarten. Unter der überdachten Fußgängerbrücke hindurch erreichten wir den Schwedtsee und konnten 19:00 Uhr am Yachtclub Fürstenberg festmachen. Dieser war recht voll, aber für uns gab es noch einen Platz. Am benachbarten Stadtanleger waren ebenfalls Liegeplätze frei.

Schleusenidylle an der Schleuse Canow

Der Wasserkiosk von Jens Winkelmann bietet Einkaufsservice auf dem Wasser

Unverzichtbar war am Abend der kurze Weg zum Schloss, welches sich gleich gegenüber dem Stadtanleger befindet. Leider war, wie in den Jahren zuvor, der Bauzaun um das Gelände zu sehen, die Sanierung zeigte keine Fortschritte. Das Schloss wurde in der Mitte des 18. Jahrhunderts als Witwensitz für die damalige Herzogin von Mecklenburg-Strelitz gebaut. Seit 2006 plant ein privater Investor den Umbau zum Hotel. Bis 2010 wurde die Fassade des Mittelteils saniert, seitdem blieben sichtbare Veränderungen aus.

Damit endete ein langer Hausboottag mit einer Fahrtstrecke von rund 50 km mit sechs Schleusen. Zeit für ein Bier. Bei aller Begeisterung für das Hausbootfahren bei so schönem Wetter, der beruhigend langsamen Fortbewegung mit dem Boot und der lieblichen Wasserlandschaft, hatten wir für diesen Tag genug davon. Der Speicher im Kopf war voll an Bildern und Eindrücken, die verarbeitet werden mussten. Das Fahren ist natürlich nicht so anstrengend und keinesfalls mit dem rasanten Tempo auf der Autobahn vergleichbar, aber konzentrieren muss man sich dennoch und nach dreizehn Stunden reicht es dann. Das gibt Ihnen vielleicht ein Gefühl für die Planung der nächsten Hausboottour. Eine solche Strecke mit den Schleusenunterbrechungen liegt im Bereich des maximal Möglichen und vor allem Sinnvollen, schließlich nennt sich die Unternehmung Urlaub. Außer den Zwangspausen an den Schleusen hatten wir keine Zwischenstopps eingelegt. Meine Frau wiederholte ihren Ausspruch: »Urlaub mit dir ist anstrengend«. Am Ende des Tages saßen wir beide zufrieden und auch etwas stolz auf das vollbrachte Tagewerk auf unserem Achterdeck und beobachteten bei einem Schlummertrunk die anderen Boote, die Abenddämmerung über dem See und die Lichter am Hafen. Mit einer allmählichen Entspannung und den letzten Gedanken vor dem Einschlafen in der Koje wuchs gleichzeitig die Freude auf den nächsten Tag mit einer für uns teilweise neuen und unbekannten Strecke.

Die Erlebnisse des folgenden Tages hatte ich an den Anfang des Buches gestellt, sodass sich ein Zeitsprung ergibt. Das ist eine gute Gelegenheit, nochmals auf das Revier der Kleinseen zurückzublicken und die Nebenreviere der Rheinsberger und Neustrelitzer Gewässer zu beschreiben. Diese hatten wir ein Jahr zuvor befahren. Wenn Sie für die »Große Runde« drei Wochen Zeit zur Verfügung haben, besteht eine Zeitreserve, um eine der Strecken in den Tourplan aufzunehmen. Dafür sollten Sie am besten drei Tage einplanen. Zwei kleinere Seitengewässer sind die Lychener und Templiner Wasserwege. Diese zweigen im Verlauf der Havel weiter östlich ab. Ihre Kurzbeschreibung vervollständigt die Gewässerübersicht. Natürlich gibt es darüber hinaus zahlreiche Seen, die Sie bis an deren äußerste Buchten erkunden können. Es bleiben also genügend unbeschriebene Wasserflächen für eigene Entdeckungen. Und denken Sie an den Ausspruch von Forester: Vierundzwanzig Stunden für jeden See! Leider war dafür unsere Reisezeit viel zu kurz.

Bootshäuser bei Mirow

Video 07: Auf der Kleinseenplatte

Auf den Nebengewässern der Kleinseenplatte

Die Fahrt in die Rheinsberger Gewässer beginnt im Kleinen Pälitzsee, an dessen südwestlichem Ende der Hüttenkanal zur Schleuse Wolfsbruch führt. Diese kann in der Hochsaison ein Nadelöhr mit längeren Wartezeiten sein. Wenig später erreichen Sie die Marina Wolfsbruch, mit großem Hafen, Ferienhäusern sowie einem Hotel-Resort mit Restaurants, Bars und Badelandschaft. Der Bogen einer Fußgängerbrücke überspannt die Einfahrt in diese »Wasserstadt« und ermöglicht zu Fuß einen Rundweg um die gesamte Anlage. Bäcker und Pizzeria komplettieren das Angebot. Wenn Sie das Ambiente eines Ferienresorts mit der Übernachtung auf dem eigenen Boot kombinieren möchten, dann können Sie hier länger verweilen.

Im weiteren Verlauf streift der Hüttenkanal den Großen Prebelowsee und mündet in den Tietzowsee. Hier gabelt sich der Wasserweg und führt westwärts in die naturverbundenen Zechliner Gewässer und in südlicher Richtung nach Rheinsberg. Beides sollten Sie sich nicht entgehen lassen. Die Seen dieses Reviers liegen in einem großen Waldgebiet, die meisten Ufer der vielen Buchten bilden optisch eine undurchdringliche grüne Wand. Der Weg nach Flecken Zechlin ist beschaulich und weniger befahren.

Die Fahrt Richtung Westen endet im Schwarzen See bei der Fischerhütte, die ein idealer Anlaufpunkt für eine Mittagsrast ist, denn abends ist nur bis 19:00 Uhr geöffnet. Klar, dass hier Fischgerichte auf der Speisekarte stehen. Der Biergarten mit massiven Holzmöbeln und überdachten Sitzplätzen befindet sich unmittelbar hinter dem Anlegesteg und ist ideenreich gestaltet. Kleine und größere Skulpturen aus Holz zieren den Garten. Die Figur einer leicht bekleideten Meerjungfrau und eines Fischers, der seinen Fang in den Armen hält, erwarten die Besucher am Eingang von der Straßenseite. Die überdachte Veranda ist mit verschiedenen Fischfangeräten und Netzen dekoriert. Als wir 2017 hier anlegten, empfingen uns am Steg zwei kleine Mädchen von anderen Gästen der Fischerhütte, die unbedingt unser Boot besichtigen wollten.

Den Wunsch haben wir natürlich erfüllt, obwohl es unter Deck unaufgeräumt aussah. Für den Blick der Kinder war dies belanglos, sie fanden das Boot ganz toll. Vielleicht waren sie inzwischen auch einmal mit den Eltern auf dem Wasser unterwegs.

Der kleine Ort, der sich landseits anschließt, ist sehr ruhig, mit hübschem Marktplatz, verwinkelten Gassen und restaurierten Häusern. Markant ist das neu verlegte Kopfsteinpflaster auf den Straßen und die gepflegten Gehsteige. Im 16. Jahrhundert errichteten die brandenburgischen Kurfürsten hier am Schwarzen See ein Residenzschloss, wo die Hohenzoller Erbprinzen einhundert Jahre residierten. Von diesen Bauten ist längst nichts mehr zu sehen. Wenn Sie ausreichend Zeit mitbringen, können Sie auf einem Rundweg den Schwarzen See umrunden.

Auch Doughty beschrieb Zechlin als »sauberen, kleinen Ort«. Er kaufte hier beim Fischer einige stattliche Exemplare für die Zubereitung an Bord. 1891 nahm er den gleichen Weg wie wir. Von Wolfsbruch kommend segelte die Mannschaft bis Flecken Zechlin und zurück über alle Seen bis nach Rheinsberg. An der Romantik und Naturverbundenheit dieser Gewässer hat sich bis heute nichts geändert. Wer Ruhe und Abgeschiedenheit sucht, ist hier genau richtig.

Wenn Sie wieder auf dem Tietzowsee sind, führt der Wasserweg südlich zunächst in den Schlabornsee. Auf den Spuren von Doughty´s Reiseroute können ruhesuchende Naturliebhaber hier nochmals entscheiden, ob sie westwärts den Dollgowsee oder ostwärts den kleinen Bikowsee erkunden wollen. Hier haben wir uns vor vielen Jahren für eine wunderbare ungestörte Mittagsruhe vor Anker »versteckt«. Auf den viel befahrenen Gewässern Richtung Rheinsberg ist es gar nicht so einfach, wirklich einmal allein zu sein. Diese beiden Seen bieten die Chance dazu. Die Brücken über die Zufahrten sind aber alle mit weniger als vier Metern recht niedrig und sehr schmal.

Rheinsberg liegt nicht am gleichnamigen See, sondern am darauf folgenden Grienericksee. Der berühmte Ort mit seinem Schloss ist der kulturelle Höhepunkt des Reviers. Im Gegensatz zu den Mecklenburger

Gewässern müssen Sie kulturgeschichtlich umdenken, denn Sie befinden sich hier in Brandenburg, dem ehemaligen preußischen Königreich. Es gibt viele Gründe, die zur Bekanntheit des Ortes beigetragen haben. Tucholsky´s Erzählung »Rheinsberg: Ein Bilderbuch für Verliebte« ist sicher einer davon. Die Fahrt in diese Gewässer ist ein guter Anlass, die amüsante Liebesgeschichte mit den originellen Dialogen von Claire und Wolfgang als Reiseliteratur mitzunehmen. Ein weiterer Grund ist natürlich das Schloss und dessen Geschichte, in dem der spätere Friedrich der Große als Kronprinz nach eigener Einschätzung die vier schönsten Jahre seines Lebens verbracht hatte. Er machte Rheinsberg zum Ort der Kunst und Philosophie, was sein Bruder Heinrich als nachfolgender Schlossherr fortsetzte. Dem großen Stadtbrand von 1740 verdankt Rheinsberg die Anlage als barocke Residenzstadt.

Wenn Sie Mecklenburg und Brandenburg vom Wasser aus entdecken, gibt es eine unerschöpfliche Anzahl von Anblicken und Fotomotiven. Es ist schwer, diese zu werten und einer Rangliste zu unterziehen. Persönlich steht für mich der Blick vom See auf das Schloss Rheinsberg ganz vorn auf der Liste. Nehmen Sie sich auf jeden Fall die Zeit, am Südende des Sees vor dem Schloss zu kreuzen, am besten am Nachmittag mit der Sonne im Rücken. Diese Ansicht ließ sich auch Theodor Fontane auf seinen »Wanderungen durch die Mark Brandenburg« nicht entgehen. Er ruderte auf den See hinaus, um sich aus der Distanz über das spiegelglatte Wasser am Anblick zu erfreuen. Mit den beiden Seitenflügeln, den markanten Rundtürmen und dem Kolonnadengang als deren Verbindung präsentiert sich das Ensemble mit dem Schlosstheater zur Seeseite besonders reizvoll, während die Stadtseite eher verschlossen wirkt.

Wolfgang und Claire paddelten im »Bilderbuch für Verliebte« hier entlang, ebenso zeichneten die Töchter Doughty´s ein Bild von ihrem Boot Gipsy vor dem Schloss. Bei ihrem Besuch 1891 konnte man den Glanz früherer Zeiten nur erahnen, denn das Gebäude stand leer. Doughty sah ein »großes weißes Haus, zwei Pfeffermühlentürme, zwei vorspringende Flügel, dazwischen eine Kolonnade«. Zu dieser Zeit wurde das Schloss von einem Kastellan verwaltet und nur wenige »Touristen« wie eben Fontane oder Doughty interessierten sich für das Bauwerk. Die eigentliche Glanzzeit lag bereits einhundert Jahre zurück.

Im Geschichtsgedächtnis verankert blieb die Zeit Friedrichs von 1736 bis 1740, obwohl er in diesen Jahren praktisch auf einer Baustelle wohnte. Die Umbauten und Erweiterungen des Baumeisters Kemmeter waren gerade abgeschlossen, als unter dessen Schüler Knobelsdorff erneut bauliche Veränderungen vorgenommen wurden. Der große Konzertsaal mit dem gewaltigen Deckengemälde wurde erst kurz vor Ende seines Aufenthaltes fertig. Sein Bruder Heinrich führte die Gestaltungsarbeiten von Schloss und Park bis zum Ende des 18. Jahrhundert fort. Als Hausherr lebte und wirkte er hier über ein halbes Jahrhundert. Keine einhundert Jahre später war der einstige Glanz am Vergehen und das Schloss weitestgehend seines Inventars beraubt, das die Hohenzoller Herrscher lieber in anderen Residenzen verwendeten. So berichtet Fontane von einer Geschichte des Jahres 1848, als sich bei einem Gesangsfest im Konzertsaal eine halbe Stuckwand löste und in den Sängerkreis fiel.

Umso schöner ist es, nach über 250 Jahren den Anblick des sanierten Schlosses zu erleben, wenn die Fassade heute in einer gelben Farbe vor den gepflegten Rasenflächen mit den weißen Statuen erstrahlt.

Nachdem Sie sich am Anblick und den Spiegelungen auf der Wasserfläche sattgesehen haben, ist der Stadtanleger von Rheinsberg ein guter Ausgangspunkt für einen Landgang in die Stadt. Bummeln Sie durch den Ort mit seinen Straßencafés, besuchen Sie das Schloss mit der Ausstellung und den Schlosspark. Am See entlang können Sie bis zum gegenüberliegenden Obelisken laufen, den Heinrich zu Ehren der Gefallenen im Siebenjährigen Krieg errichten ließ.

Als Übernachtungsplatz diente uns das Hafendorf Rheinsberg, das sich zwei Kilometer nördlich am gleichnamigen See befindet. Die Bezeichnung »Dorf« ist dafür fast untertrieben. Die riesige Ferienanlage mit ihren Brücken, Anlegern und dem markanten Leuchtturm präsentiert sich als »Wasserstadt« mit entsprechendem touristischen Leben.

Der Gegensatz zu den verträumten Zechliner Seen könnte kaum größer sein, aber gerade das macht die Vielseitigkeit und Wandlungsfähigkeit des Reviers aus. Jeder kann sich seinen Lieblingsplatz aussuchen.

Auf der damaligen Tour brachte der nächste Morgen Regen für die Rückfahrt zu den Havelseen. Auf dem Rheinsberger See war kaum etwas zu sehen. Die Ufer versanken im Dunst und Grau des Himmels. So schön wie eine leicht zu öffnende oder abzubauende Persenning ist, die Sicht durch die flexiblen Plastikfenster ist eine Katastrophe, da diese zusätzlich durch die feuchte Kleidung von innen anlaufen. Die festen Scheiben bieten eine bessere Sicht, sind jedoch meist klein, um die Bootshöhe gering zuhalten. Die verbauten Scheibenwischer auf den Charterbooten erfüllen zwar ihre Pflicht, erinnern aber eher an die Zeiten, als wir noch mit einem Auto der Marke Trabant unterwegs waren. Suchend nach den richtigen Ein- und Ausfahrten aus den Seen kämpften wir uns gemeinsam vorwärts, meine Frau mit Karte und Fernglas, ich am Steuer. Zum Glück hatte es bis zur Schleuse Wolfsbruch aufgehört zu regnen, sodass uns das Schleusenmanöver im Regen erspart blieb. Auch das gehört zum Hausbootfahren und man weiß die schönen Tage dann besser zu schätzen. An diesem Abend legten wir übrigens an der Marina »Boot und Mehr« an, wo sich nach dem Anlegen tatsächlich noch die Sonne zeigte und uns zu dem lustigen Trinkabend verführte, an den wir ein Jahr später gern zurückdachten.

Schloss Rheinsberg mit Schlosstheater am Grienericksee

Hafendorf Rheinsberg am Rheinsberger See

Ein ähnlich großes Nebenrevier von reichlich 40 km für den Hin- und Rückweg sind die Neustrelitzer Gewässer, die am Ellbogensee abzweigen. Auf dieser Strecke folgen Sie dem Havelverlauf in Richtung Quelle. Die Einfahrt in das Revier befindet sich bei der Marina Priepert. Nach einem kurzen Kanal erreichen Sie den Großen Priepertsee und streifen den Wangnitzsee. Der See ist ebenso wie der etwas nördlicher liegende Drewensee malerisch in die Wälder Mecklenburgs eingebettet, aber für Motorboote gesperrt. Sie kommen am winzigen Finowsee vorbei, auf dem wir einmal eine ruhige Nacht vor Anker verbracht haben. Darauf folgt die Wildhofbrücke Ahrensberg, die mit ihrer Überdachung auch als »Hausbrücke« bezeichnet wird. Gleich hinter der Brücke lohnt ein Zwischenstopp am Fischereihof Ahrensberg. Der kurze Steg bietet allerdings nur Platz für zwei Boote, Paddler haben einen eigenen kleinen Hafen. Von hier sind es nur ein paar Schritte, um von der Brücke auf das Wasser zu blicken. Die massive Fachwerkkonstruktion des erst vor einigen Jahren sanierten Bauwerks ist sehenswert.

Nach einem weiteren Kanalstück mit Schleuse folgt der Ort Wesenberg. Die neue Marina befindet sich etwas außerhalb der Stadt. Dagegen liegt der empfehlenswerte und natürliche Stadthafen direkt unterhalb der ehemaligen Burg. Von dieser sind noch ein Turm und ein Stück Burgmauer erhalten. Die sonstigen Gebäude sind jüngeren Datums. Sie beherbergen ein Heimat- und Fischereimuseum. Auch die Touristeninformation befindet sich hier, sodass sich der kurze Weg zum Burghügel lohnt. Wenige Meter vom Hafen entfernt können Sie sich an einem Imbiss mit Biergarten stärken. Die Linde vor der St. Marien Kirche im Ort soll schon vor 650 Jahren gepflanzt worden sein. Das Aussehen des knorrigen Baumes ist auf jeden Fall Ausdruck eines sehr hohen Alters.

Auf dem letzten Kanalabschnitt zwischen Woblitzsee und Zierker See erfordert die Eisenbahnbrücke mit einer Durchfahrtshöhe von nur 3,40 m besondere Beachtung. Für die Aufbauten der meisten größeren Hausboote ist das zu niedrig, sodass man Elemente abbauen muss. Echte Maßarbeit bei der obendrein auch recht schmalen Brücke ist die Durchfahrt der Personenschiffe, die von Neustrelitz Tagestouren anbieten. Bei ihnen kann das Dach des Steuerstandes abgesenkt werden und die Passagiere auf dem Oberdeck müssen den Kopf auf den Tisch legen, um nicht anzustoßen. Auf unserer Tour in diese Gewässer betrug die Bootshöhe des damaligen Charterbootes bei umgelegter Persenning 3,40 m Höhe. In Abhängigkeit des Pegelstandes war uns das Risiko zu groß und wir hatten auch die Scheiben des Steuerstandes abgebaut. Es wird eben nie langweilig und man hat ständig etwas zu tun.

Über den sehr flachen Zierker See erreichen Sie den Stadthafen von Neustrelitz, der von ausgebauten alten Speicherhäusern mit mehreren Gaststätten umgeben ist. Neben den zahlreichen Naturhäfen, den Hafendörfern und Marinas bietet der Hafen von Neustrelitz mit seiner umlaufenden Kaimauer eine klassische Hafenatmosphäre. Wo früher Kalk, Holz, Baustoffe und Getreide verladen wurden, flanieren heute die Touristen. Deshalb ist es empfehlenswert, hier eine Übernachtung zu planen, um die schöne Lichtstimmung am Abend zu erleben.

Anfang des 18. Jahrhunderts wurde das alte Strelitz, das etwas weiter landeinwärts lag, zur Residenzstadt der Herzöge von Mecklenburg-Strelitz. Nachdem das Schloss abbrannte, errichtete man einen Neubau am Zierker See und es entstand um das Schloss herum die spätbarocke Stadt Neustrelitz. Ähnlich wie in Rheinsberg erfolgte die Planung großzügig mit viel Platz. Bei einem Stadtrundgang wird das besonders auf dem Marktplatz mit den sternförmig abgehenden Straßen deutlich. Etwas Zeit sollten Sie sich für den Schlosspark mit seinen Skulpturen und angrenzenden Gebäuden wie Orangerie mit Gaststätte und für die Schlosskirche nehmen. Deren Bau aus gelben Backsteinen mit den markanten zwölf schmalen Türmen, die an die zwölf Apostel erinnern sollen, dient heute nicht mehr als Kirche, sondern als Ausstellungs- und Konzerthalle. Die eigentliche Attraktion des Ensembles fehlt allerdings. Das Schloss wurde leider in den letzten Kriegstagen durch Brandstiftung weitestgehend zerstört und die Reste später abgerissen. Der leere Schlossplatz erinnert noch an den Grundriss der ehemaligen Residenz. Gegenüber, am anderen Ende des Parks steht seit 1891 auf einem künstlichen Hügel der Luisentempel als Gedächtniskapelle für Königin

Luise von Preußen. Dieser Dame waren wir bereits im »Drei-Königinnen-Schloss« in Mirow begegnet. Ihre Tante Sophie Charlotte war Namenspatronin der heutigen Stadtblume von Neustrelitz. Als englische Königin hatte sie sich viel Ruhm erarbeitet und der Naturwissenschaftler Banks benannte 1773 eine bis dahin in Europa unbekannte farbenprächtige Pflanze als »Strelitzia reginae« (»Strelitzie der Königin«) in Anlehnung an ihre Heimat Mecklenburg-Strelitz. Später schenkte die Königin ihrer Familie eine solche Pflanze, die 1822 in der Orangerie im Neustrelitzer Schlosspark erstmals in Deutschland zur Blüte kam. Seit 1995 ist die Blume das Wahrzeichen der Stadt.

Wer sich bei seinen Kindern beliebt machen möchte, wählt nicht den für sie langweiligen Stadtrundgang, sondern besucht das Slawendorf am Ufer des Zierker Sees. Das von einem Palisadenzaun umzäunte Dorf ist ein spannendes Mitmach-Freilichtmuseum, denn die Hütten sind von »echten Slawen« bewohnt, die zu allerlei altertümlichen Handwerkstätigkeiten einladen. Von einem Wachturm lässt sich der See nach herannahenden »Feinden« absuchen. Ein Spaß für die ganze Familie. Planen Sie hierfür besser einen halben Tag ein.

Auf dem Weg vom Hafen zum Slawendorf können Sie an einem historischen Pavillon für einen Kaffee auf der Holzterrasse über dem Wasser eine Pause einlegen. Der fast 200 Jahre alte Bau war einst das herzogliche Wäschespülhaus. Heute ist es neu hergerichtet, farbenfroh angemalt und beherbergt ein romantisches kleines Café.

Bei schönem Wetter empfiehlt es sich vor dem Ablegen gleich die Bootsaufbauten umzulegen, um die Eisenbahnbrücke ohne Schäden zu passieren. Im folgenden Woblitzsee können Sie als Alternative für den direkten Rückweg nach Westen abzweigen und drei Kilometer später in den Großen Labussee einfahren. Hier endet der befahrbare Havelverlauf für Motorboote. Auf dem Zufahrtskanal gibt es eine weitere Brücke der Eisenbahnlinie mit ähnlich niedriger Durchfahrtshöhe.

Für diesen See hatte ich ein ungewöhnliches Manöver geplant: In die Mitte des Sees fahren, den Motor abstellen und die absolute Ruhe genießen, während sich das Boot frei bewegen kann. Dazu braucht es ein Gewässer mit viel Platz, ausreichender Wassertiefe, ohne Bootsverkehr und weitestgehend Windstille. Auf diese Weise haben wir uns schon einmal über den Kummerower See treiben lassen. Ein sehr spezielles Bootserlebnis als Mischung aus Entspannung und einer kribbelnden Unsicherheit, wie der Wind das Boot dreht, wohin er es treibt und ob der Motor wieder anspringt. In besonderem Maße sei natürlich darauf hingewiesen, dass man entsprechend aufmerksam bleiben muss, um sich jederzeit aus dieser manövrierunfähigen Lage zu bringen. Letztlich war uns das Wasser auf dem See zu unruhig und wir begnügten uns mit einer Ankerpause in Ufernähe, bevor wir den Rückweg aus den Neustrelitzer Gewässern antraten. Über Wesenberg und den Fischereihof mit der Hausbrücke gelangten wir wieder zurück auf den Ellbogensee.

Der Luisentempel im Schlosspark von Neustrelitz

Hafeneinfahrt Neustrelitz

Das ehemalige herzogliche Wäschespülhaus am Zierker See in Neustrelitz

Havelabwärts gibt es zwei weitere kleine Nebengewässer, die ich nicht unerwähnt lassen möchte. Die Lychener Gewässer zweigen im Stolpsee bei Himmelpfort in nördliche Richtung ab. Sie werden durch eine Schleuse vom See getrennt. Darauf folgt der Haussee. Ein gewundener Flusslauf der Woblitz führt zum Großen Lychensee und zum Stadtsee. Der Stadthafen ist sehr zentrumsnah, aber in Form eines breiten und massiven Stegs unterhalb eines Parkplatzes wenig romantisch. Lychen ist ringsum von Wasser umgeben und wird »Stadt der sieben Seen« genannt. Auch mit dem offiziellen Titel »Flößerstadt« darf sie sich schmücken. Von hier wurde das Holz in großen Floßverbänden bis nach Berlin transportiert. Durch diese Lage hat Lychen ein reizvolles Umland, allerdings sind nicht alle Seen mit dem Hausboot befahrbar. Bei einem Rundgang treffen Sie auf Reste der alten Stadtbefestigung und können durch die schmalen Gassen der ehemaligen Stadtanlage gehen.

Ein ganzes Stück weiter südlich zweigen die Templiner Gewässer vom Hauptfahrwasser der Havel ab. Die Anfahrt führt durch zwei Schleusen und über einige Seen, darunter der fast fünf Kilometer lange Röddelinsee, bevor Sie die Stadt erreichen und auf dem malerischen Templiner See unterwegs sein können. Die Sperrung der Schleuse Kannenburg hat uns bis jetzt die Zufahrt mit dem Boot in diese Gewässer verwehrt. Ende 2017 musste sie wegen irreparabler Schäden außer Betrieb genommen werden. Damit endet die Geschichte der bis zuletzt handbetriebenen Schleuse aus dem Jahr 1909. Frühestens 2020 wird mit der Inbetriebnahme eines automatisierten Neubaus gerechnet. Die Beschreibung dieses Gewässers ist deshalb etwas unvollständig, da wir Templin und einen Teil der Umgebung nur als »Landtouristen« kennen. Der Eindruck war aber ausreichend für den Wunsch, hier nochmals mit dem Boot hinzukommen.

Neben der wunderschönen Seelage der Stadt ist deren Hauptattraktion die über 1700 Meter lange und sechs bis sieben Meter hohe Stadtmauer. Sie ist damit eine der wenigen Stadtbefestigungen Europas, die noch vollständig erhalten ist. Ihr Bau begann bereits im 13. Jahrhundert. Charakteristisch für die Stadtmauer sind die Wiekhäuser. Bei ihnen handelt es sich um halbrunde Ausbuchtungen in der Mauer, die der Verteidigung dienten und die teilweise mit hausartigen Aufbauten versehen wurden. Mehrere historische Tore ermöglichen den Zugang zur Stadt und die Anlage erinnert sehr stark an Neubrandenburg. Templin hatte besonders im 17. Jahrhundert zu leiden. Überschwemmungen, Missernten, häufige Brände, Pest, Krankheitsepidemien und der Dreißigjährige Krieg mit Plünderungen marterten die Bewohner. Von den ehemals über 400 Familien blieben in diesen leidvollen Jahren nur 30 übrig. Die heutige Struktur der Altstadt stammt aus der Neuanlage nach dem großen Stadtbrand von 1735. Sehenswert ist das frei stehende Rathaus auf dem Marktplatz. Zwischen der Templiner Schleuse und dem Templiner See fährt man mit dem Boot durch die Pionierbrücke. Sie ist die dritte, jüngste und längste der genannten Hausbrücken mit einer Überdachung.

Eine Bewertung und Empfehlung für die beschriebenen vier Nebengewässer ist nicht einfach, wenn man aus Zeitgründen nur eines der Gewässer befahren kann. Jedes hat seinen Reiz. Die Fahrt nach Neustrelitz bietet sicher die meisten Aktivitäten durch interessante Zwischenstopps in Ahrensberg und Wesenberg sowie die Residenzstadt selbst mit dem Hafen und zahlreichen Gaststätten und Biergärten. Ein Schloss gibt es aber nur in Rheinsberg, dazu einen hübschen Ort, zwei Hafendörfer an der Strecke und viel Natur. Bei den kleineren Revieren gewinnt eindeutig Templin, da kann Lychen einfach nicht mithalten, dafür lassen sich die Lychener Gewässer in einer Tagestour einschließlich Stadtbesichtigung erkunden.

Wieder auf Tour von Liebenwalde bis Oranienburg

Nach diesen Abschweifungen in die Nebengewässer und den Erläuterungen zum Hausbootfahren nahm unsere Reise in Liebenwalde ihren chronologischen Fortgang. Zur Erinnerung nochmals der bisherige Reiseablauf. Wir waren am Samstag in Plau am See gestartet und hatten die erste Nacht bei Malchow verbracht. Danach ging es über die großen Seen und die Müritz mit einem Zwischenstopp in Röbel bis zum Liegeplatz am romantischen Bolter Kanal. Am Montag dann die Tour auf der Kleinseenplatte bis Fürstenberg und einen Tag später auf der Havel bis Liebenwalde. Die weitere Fahrt sollte uns nun auf dem Oder-Havel-Kanal bis Oranienburg bringen, eine vergleichsweise geringe Strecke von 20 km mit zwei Schleusen.

Eine kurze Überlegung widmeten wir der Möglichkeit, über den Langen Trödel zum Oder-Havel-Kanal zu gelangen. Auf dem Kanalstück muss man sich allerdings nach den Brückenöffnungszeiten richten und für größere Motorboote werden diese für den schmalen Wasserweg in wechselnder Einbahnstraßenregelung betrieben. Dadurch müssen Sie bei der Befahrung mit Verzögerungen rechnen. Für uns war die Chance verlockend, bereits zum späten Mittag in Oranienburg zu sein. Deshalb nahmen wir Kurs über den Malzer Kanal und die Liebenwalder Schleuse, um ohne Umwege zum Oder-Havel-Kanal und nach Oranienburg zu gelangen.

Der Lange Trödel führt direkt zum Finowkanal, der ältesten befahrbaren Wasserstraße in Deutschland. Mit seinen 12 historischen und handbetriebenen Schleusen aus dem 19. Jahrhundert sowie zahlreichen Industriedenkmalen aus der frühen Industrialisierung Brandenburgs ist das eine Fahrt in die Geschichte des Wasserbaus. Es handelt sich um ein eigenständiges Revier, für das Sie mit Hin- und Rückweg eine Woche einplanen sollten. Für eine solche Tour gibt es unter dem Titel »Hausboot Zeitreise« einen eigenen Reisebericht, auf den ich an dieser Stelle verweisen möchte.

Unsere Abfahrt in Liebenwalde erfolgte vor acht Uhr. Eine halbe Stunde später passierten wir die Schleuse und waren kurz darauf auf dem Oder-Havel-Kanal. Breit und gerade zieht sich der Kanal durch die Landschaft. Für die Berufsschifffahrt ein Gewinn, für die Kanalromantik eher weniger, wenn man mehrere Kilometer bis zur nächsten Biegung fahren muss. Es dauerte nicht lange, bis wir den ersten großen Pott vor uns ausmachten. Die meistens polnischen Schubverbände haben überwiegend Schüttgüter geladen und sind mit Geschwindigkeiten von fünf bis sechs Kilometer pro Stunde unterwegs. Zu wenig, um hinterherzufahren, zum Überholen aber fast zu viel. Die Überholmanöver sollte man nicht unterschätzen. Die großen Schiffspropeller erzeugen einen erheblichen Gegensog, der das eigene Boot verlangsamt. Wir mussten für kurze Zeit alle Reserven aus unserem 50 PS Schiffsdiesel herausholen, um möglichst schnell vorbeizukommen. Man weiß ja nie, ob hinter der nächsten Biegung ein weiterer Frachter entgegenkommt. Sie sollten vorausschauend prüfen, ob das Manöver sinnvoll ist.

Zwei Stunden später hatten wir die Schleuse Lehnitz erreicht. Die gleiche Zeit dauerte es, bis das Schleusenmanöver hinter uns lag. Einige Boote warteten bereits vor uns. Bei einer Kammerlänge von 132 m bestand keine Gefahr, dass wir nicht mit hineinpassen sollten. Mit der Gegenschleusung kamen uns zunächst 16 Hausboote entgegen. Das ist schon eine andere Dimension, als auf den bisherigen Wasserwegen. Leider ging es danach noch nicht vorwärts. Meine Befürchtungen wurden wahr, der Schubverband hatte sich per Funk angemeldet und wurde vorgelassen. Das Überholmanöver hätten wir uns also ersparen können. Geduld ist die Seele des Hausbootfahrens, zum späten Mittag hatten wir den neu erbauten Schlosshafen von Oranienburg erreicht.

Berufsschifffahrt auf dem Oder-Havel-Kanal

Anfahrt zum Oranienburger Schloss

Die Anfahrt war recht unspektakulär. Nach dem Lehnitzsee fuhren wir auf der Oranienburger Havel in nordwestlicher Richtung bis zum Schlosshafen. Bis dahin säumten Gartengrundstücke das Ufer. Erst beim Blick auf die Karte wurde uns bewusst, dass wir bereits mitten durch die Stadt gefahren waren. Auf dem Wasser war das nicht wahrzunehmen. An der nächsten Biegung tauchte unmittelbar am Kanal das Schloss auf und kurz danach erreichten wir den neugebauten Schlosshafen. An den neuen Stegen gibt es nichts auszusetzen, die Anlage liegt allerdings in voller Sonne und wirkt etwas nüchtern, dafür direkt am Schloss und Schlosspark. Der Anleger des Wassersportclubs Möwe ein Stück vorher hätte das bessere Ambiente geboten, doch das weiß man immer erst später.

Die Anmeldung beim Hafenmeister gestaltete sich kompliziert. Das Verwaltungsgebäude befindet sich am Servicehafen auf der anderen Seite des Kanals. Hafen und Wohnmobilstellplatz werden gemeinsam bewirtschaftet. Eine Fußgängerbrücke führt über den Havelarm. Von ihr kann man die Hafenanlagen gut überblicken.

Auf Nachfrage beim Hafenmeister erfuhr ich, dass die Serviceeinrichtungen einschließlich der Liegegebühren durch ein Chipkartensystem verwaltet werden. Der entsprechende Automat befand sich hinter einer Sichtschutzwand und ein Mitarbeiter kam gleich mit zur Erklärung. Über einen Touch-Monitor gab ich unter Anleitung alle Angaben ein. Nach dem Bezahlvorgang warteten wir auf die Ausgabe der Chipkarte, aber nichts geschah und der Mitarbeiter wusste keinen Rat. Also doch zum Tresen des Hafenmeisters. Er kontrollierte den Automaten, befand ihn für funktionstüchtig, konnte mir allerdings auch keine Chipkarte aushändigen. Es folgte die Auszahlung des Betrages. Für die Abrechnung musste ich ein Formular mit Namen und Adresse ausfüllen und erhielt mein Geld. Da die Technik als funktionsfähig erklärt wurde, ging es zurück zum Automaten, diesmal mit zwei Mitarbeitern. Wir versuchten das gleiche Spiel, Daten eingeben, einzahlen und warten. Das System blieb stur und gab keine Karte aus. Das weitere Vorgehen war bekannt: Formular ausfüllen und Geld auszahlen.

Die Aufforderung, den Vorgang ein drittes Mal zu probieren, lehnte ich freundlich ab und verwies auf ein späteres Wiederkommen. Im Urlaub nimmt man vieles gelassener, dennoch wollte ich nicht den ganzen Nachmittag damit verbringen. Die Lufttemperatur lag bei den gewohnten dreißig Grad und Schatten gab es auf dieser Seite ebenso wenig wie im Schlosshafen. Vielleicht war es dem Automaten ebenfalls zu warm, sodass er die Ausgabe verweigerte. Somit ging ich erfolglos zum Boot zurück und die Serviceeinrichtungen blieben für uns zunächst verschlossen. Meine Frau kühlte inzwischen von der Badeplattform des Bootes ihre Beine im Havelwasser.

Oranienburg bestand ursprünglich nur aus einem Schloss, um das sich eine Stadt bildete. So könnte man die Entstehungsgeschichte in Kurzform umschreiben. Der frühere Ort Bötzow besaß eine Wasserburg, die bereits unter den brandenburgischen Kurfürsten durch ein Jagdschloss ersetzt wurde. 1650 schenkte der Große Kurfürst den Ort und die umliegenden Ländereien seiner jungen Frau, der holländischen Prinzessin Louise-Henriette von Oranien-Nassau. Sie machte die Ortschaft zu ihrer Residenzstadt, ließ ab 1651 ein neues Schloss bauen und begründete damit Oranienburg. Durch die Herkunft der Landesherrin sind Schloss und Stadt stark von niederländischen Einflüssen geprägt. Sie holte zahlreiche Künstler, Bauleute und Spezialisten aus ihrer alten Heimat ins Land, die nicht nur den Schlossbau und das Leben in Oranienburg beeinflussten, sondern die Wirtschaft ganz Brandenburgs voranbrachten. Das von Luise-Henriette persönlich geführte Gut Oranienburg wurde zum Mustergut für das Kurfürstentum, da das Land nach dem Dreißigjährigen Krieg weitestgehend verwüstet darniederlag. Ihr früher Tod mit vierzig Jahren war nicht nur ein Verlust für Brandenburg, sondern auch ein schwerer Schicksalsschlag für den Kurfürsten, der mit ihr eine glückliche Ehe führte. Das war bei den Herrschern selten der Fall, da ihre Ehen meist nach politischen und strategischen Zielen geschlossen wurden. Der Große Kurfürst verlor mit ihr eine liebevolle Frau und verantwortungsvolle Beraterin. Von Ihren sechs Kindern erlebte nur Friedrich, der spätere erste König in

Preußen, das Erwachsenenalter. Mit diesem Wissen kam mir der Gedanke, dass Reisen nicht nur bildet, sondern auch das Glück vom eigenen Leben verdeutlichen kann.

Auf der weiteren Tour wollten wir uns mehr Zeit lassen. Mit dem Anreisetag waren wir erst fünf Tage unterwegs. 170 km lagen hinter uns und es war sinnvoll, einen Gang herunterzuschalten. Das gelang uns nur teilweise, wie die insgesamt gefahrene Strecke zeigt, aber für diesen Nachmittag wandten wir uns in aller Ruhe dem Schlosspark zu. Das Schloss wollten wir am nächsten Tag besuchen.

Der Park hat für die Landesgartenschau 2009 seine ursprüngliche Schönheit zurückerhalten, was wir mit einem moderaten Eintrittsgeld honorieren mussten und dafür durchaus Verständnis aufbrachten. Der Schlosspark litt ebenso unter der sommerlichen Hitze wie wir. Die Wiesen zeigten sich bereits herbstlich braun und der historische Gartenteil war gesperrt. Die kreativ gestalteten Gartenzimmer wurden jedoch reichlich beregnet und waren nicht nur schön anzuschauen, sondern auch gefühlt um einige Grad kühler als die aufgeheizte Umgebung. Die Themengärten sind reich an gestalterischen Details und Ideen. Wenn Sie einmal hier sind, bemessen Sie Ihren Aufenthalt in Oranienburg nicht zu kurz. Im Park befindet sich die restaurierte Orangerie aus der Zeit, als Prinz August Wilhelm von Preußen Schlossherr war. Durch seinen frühen Tod vor der Fertigstellung wurde das Gebäude in den folgenden Jahrhunderten als Pulvermagazin, Scheune, Lagerraum, Turnhalle, Pferdestall, Kirche und Museumsdepot genutzt. Pflanzen beherbergte die Orangerie nie. Heute ist sie ein Zentrum der Kultur und eine Außenstelle des Potsdamer Standesamtes. Hier können Sie den Bund der Ehe im historischen Ambiente eingehen.

Auf dem Rückweg zum Boot gingen wir auf der gegenüberliegenden Havelseite entlang, um dem Hafenmeister nochmals einen Besuch abzustatten. Dieser war gerade auf dem Wohnmobilstellplatz unterwegs. Er erkannte mich und verkündete erfreut, dass der Automat jetzt wieder richtig funktioniert. Tatsächlich waren wir nach wenigen Minuten im Besitz einer Chipkarte.

Im Servicehafen beim Hafenmeisterbüro konnten wir den Nachbau der »Goldenen Yacht« bestaunen, die der Große Kurfürst 1678 als Repräsentationsschiff bauen ließ. Das Original ist auf einem Gemälde im Schlossmuseum zusammen mit den anderen 34 Schiffen der damaligen brandenburgischen Flotte zu sehen. Tatsächlich sind die Schiffe nie in dieser Gesamtheit gemeinsam unterwegs gewesen. Das Bild idealisiert den Traum des Kurfürsten, vom Seehandel zu profitieren. Die Gewinne für die Staatskasse waren verlockend, aber das Risiko durch Unbilden der Natur oder durch Feinde groß. Bei den Geschäften war das Kurfürstentum auch am menschenunwürdigen Sklavenhandel zwischen Westafrika und den karibischen Inseln beteiligt. Im Vergleich mit den Nachbarländern konnte man die wenigen Schiffe kaum als Flotte bezeichnen, denn die Niederländer hatten zur gleichen Zeit 14.000 Kriegs- und Handelsschiffe auf dem Wasser, wie wir am nächsten Tag im Museum erfuhren. Brandenburg war eben keine Seefahrernation und die kleine Flotte wurde 30 Jahre später aufgelöst.

Wieder am Hafen angekommen dämpfte der Anschluss des Stromkabels die Freude über die erhaltene Chipkarte. Normalerweise zeigte jeweils eine LED am Steuerstand, ob das Boot von der Batterie oder von Landstrom versorgt wurde. Mit dem Anstecken des Kabels hätte die Anzeige umschalten müssen, wie sie das auch an den anderen Tagen tat. Stattdessen waren jetzt alle beiden LEDs aus. Ich ahnte nichts Gutes, ignorierte aber vorerst den Umstand. Schließlich funktionierte alles an Bord.

Der Abend hielt noch eine Überraschung bereit. Im Schlosspark fand das »Picknick in Weiß« statt. Der Park war erfüllt von ganz in weiß gekleideten Menschen, die an weiß gedeckten Tischen ihre mitgebrachten Speisen verzehrten. Eine faszinierende Atmosphäre in dieser Kulisse bei traumhaftem Sommerwetter. Leider ließ es unsere Bootskleidung nicht zu, dass wir uns spontan der Gesellschaft anschließen konnten.

Kreative Gestaltungsthemen im Schlosspark Oranienburg

»Picknick in Weiß« im Schlosspark

Um dem Abend für uns einen ebenso würdigen Abschluss zu geben, gönnten wir uns ein Abendessen auf der Terrasse des Schlosses direkt an der Havel. Uns erfüllte ein Gefühl, als hätte unsere Reise einen neuen Anfang genommen. Vielleicht lag es an dem besonderen Ambiente der Schlossanlage, vielleicht auch daran, dass wir jetzt auf unbekannten Gewässern unterwegs waren. Inzwischen fühlten wir uns sicher in unserer Rolle als Hausbootkapitäne. Der Tagesablauf reduzierte sich auf die wesentlichen Dinge und die Bootführung war inzwischen eine vertraute Handhabung. Vermutlich war es eine Mischung aus allem. Es war ein gutes Gefühl, noch so viel Zeit und eine lange unbekannte Strecke vor sich zu haben.

Am nächsten Morgen wollten wir das Schloss besichtigen und dann unsere Fahrt fortsetzen. Das Museum öffnete zehn Uhr und wir waren pünktlich zur Stelle. Wie wir an der Kasse erfuhren, kann man an Wochentagen die Räume nur im Rahmen einer Führung betreten, weil das notwendige Aufsichtspersonal für individuelle Rundgänge bloß am Wochenende zur Verfügung steht. Ausgerechnet an diesem Tag hatten sich zwei Reisegruppen angemeldet. Die nächste öffentliche Führung sollte eine Stunde später erfolgen. Wir diskutierten ein wenig und konnten uns der ersten Gruppe anschließen. Die Museumsräume sind absolut sehenswert, obwohl sie bereits in früherer Zeit der originalen Möbel beraubt wurden. Das Porzellankabinett, von Luise-Henriette 1663 in Auftrag gegeben, erlangte schon in der kurfürstlichen Epoche Berühmtheit. Ihr Sohn, Friedrich III. der sich 1701 zum König Friedrich I. in Preußen krönen ließ, führte die Sammlung fort und erweiterte sie. Wie durch ein Wunder blieben sechs von den ehemals sieben vergoldeten Etageren erhalten. Auf den drei Meter hohen Gestellen wurde das wertvolle Porzellan präsentiert. Sie boten Platz für 5.000 Schalen, Vasen, Teller und Töpfe. Heute gruppieren sich nur einige Vasen um den Kamin an einer Wand.

Der prunkliebende und baufreudige Friedrich III. ließ das Schloss und den Park wesentlich erweitern. Als Residenz für den ersten König in Preußen erlebte die Schlossanlage seine Glanzzeit der Nutzung. Unter seinem Sohn, dem sparsamen »Soldatenkönig« Friedrich Wilhelm I. wurden die Gebäude kaum noch genutzt und sogar Teile des Schlossgartens abgebrochen. Etwa 30 Jahre danach kehrten Pracht und Hofstaat alter Zeiten zurück. Friedrich der Große hatte das Anwesen dem jüngeren Bruder August Wilhelm übereignet, wie er später Schloss Rheinsberg an seinen Bruder Heinrich übertrug. August Wilhelm konnte sein Schloss allerdings nur 16 Jahre nutzen, da er 35-jährig verstarb. Deshalb erlebte er auch die Fertigstellung der von ihm besonders geliebten Orangerie im Park nicht mehr. Nach seinem Tod verlor das Schloss den repräsentativen Charakter. Umso schöner ist der heutige, restaurierte Zustand des ältesten Barockschlosses Brandenburgs.

Um die Mittagszeit waren wir fertig zum Ablegen. Durch das bisher gute Vorankommen hatten wir uns am Abend auf der Schlossterrasse dazu entschlossen, die für uns unbekannten Neuruppiner Gewässer in unsere Route aufzunehmen. Die »Time-out« war für den schmalen und flachen Ruppiner Kanal gut geeignet. In drei Tagen wollten wir wieder in Oranienburg sein. Das Revier umfasst den Ruppiner Kanal mit kleineren Seen, den lang gezogenen Ruppiner See und in weitem Bogen eine Seen- und Flusslandschaft bis Lindow. Insgesamt lagen etwa 150 km für den Hin- und Rückweg vor uns.

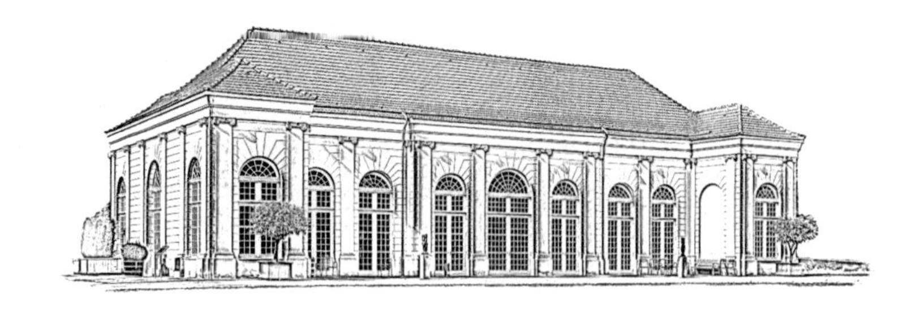

Orangerie im Schlosspark Oranienburg

Video 08: Anfahrt nach Oranienburg

Die Ruppiner Gewässer

Vom Schlosshafen wäre es nur ein Kilometer bis zum Beginn des Ruppiner Kanals, wenn wir die Oranienburger Havel weiterfahren könnten. Leider ist der letzte Abschnitt nicht befahrbar. Deshalb mussten wir den Weg zurück zum Oder-Havel-Kanal wählen, diesen ein Stück nach Süden fahren, um dann in den Oranienburger Kanal mit der Schleuse Pinnow einzubiegen, der eine Anbindung an den Ruppiner Kanal hat. Insgesamt kommen so 14 km zusammen. Auf beiden Wasserwegen darf man nur mit sechs Kilometer pro Stunde schnell unterwegs sein, deshalb brauchten wir fast drei Stunden für die Strecke. Derzeit gibt es Pläne, die Schleuse Friedenthal neu zu bauen und damit die direkte Verbindung zum Schlosshafen wieder herzustellen.

Auf den ersten Kilometern des Ruppiner Kanal passierten wir die Schleusen Tiergarten und Hohenbruch ohne zeitliche Verzögerungen. Sie lagen etwa eine Stunde Fahrtzeit auseinander. Die Schleusenzeiten waren ein eindeutiges Indiz dafür, dass wir uns auf einem Nebengewässer befanden. Die Schleusenwärter bevorzugen die volle Stunde zum Schleusen und lassen nach Möglichkeit eine entsprechende Anzahl Boote zusammenkommen, die gemeinsam geschleust werden können. Ebenfalls eingeschränkt sind die generellen Schleusenzeiten zwischen 08:00 Uhr und 17:00 Uhr mit zwei Stunden Mittagspause. Uns war klar, dass wir die dritte Schleuse in Altfriesack am Kilometer 29 keinesfalls mehr schaffen würden. Somit konnten wir uns Zeit lassen und nach einem geeigneten Liegeplatz Ausschau halten. Der Kanal ist für große Boote nur bedingt befahrbar. Der maximale Tiefgang von einem Meter und Brückendurchfahrtshöhen unter vier Metern schränken die Abmessungen ein. Abrutschende Uferböschungen führen zusätzlich zu einer allmählichen Verlandung des Kanals. Im Herbst 2018 begannen deshalb Arbeiten zur Stabilisierung und zum Ausbau des Wasserweges.

Diskussionen zu den Brückenhöhen gab es bereits in der ersten Schleuse. Mit uns hatten sich vier Boote versammelt, wir waren an dritter Stelle. Das Boot vor uns war nicht viel größer als unseres aber mit einem deutlich höheren Sonnendach.

»Ihr müsst für die nächste Brücke abbauen«, war die klare Empfehlung des Schleusenwärters.

»Wir kennen das Revier, das passt schon«, meinte der Skipper, der mit seinen Söhnen unterwegs war.

Die Diskussion wurde fortgeführt, bis sich die Schleusentore öffneten und der Konvoi in Bewegung kam. Gleich hinter der nächsten Biegung war die bewusste Brücke in einiger Entfernung zu sehen. Wie es der Perspektive auf dem Wasser geschuldet ist, sah man nur ein winziges Quadrat für die Durchfahrt. Wahrscheinlich wurde die Crew bezüglich der Höhe unsicher, denn sie begann während der Fahrt das Sonnendach abzubauen. Die Folge war ein bedrohlicher Zickzack-Kurs und wenig später das Aufstoppen, um nicht im Schilf des Ufers festzufahren. Das zwang uns ebenfalls dazu, noch langsamer zu fahren, und wir waren froh, dass wir endlich überholen konnten. In der Schleuse wäre zum Abbau des Daches genug Zeit gewesen.

In den flachen Kanälen gibt es immer wieder Totholz am Grund, welches durch die Boote aufgewirbelt wird und manchmal gegen den Rumpf poltert oder sogar den Propeller treffen kann. Je weiter hinten man in der Bootsreihe fährt, umso größer ist die Wahrscheinlichkeit, davon getroffen zu werden. Meist verursacht das keine Schäden, aber man muss es ja nicht darauf ankommen lassen. Jetzt hatten wir nur noch ein Boot vor uns. An der Schleuse Hohenbruch war von dem Boot mit dem Sonnendach nichts mehr zu sehen, sodass wir nur zu dritt schleusten.

Der Kanal war stellenweise sehr schmal und von Schilf eingewachsen, sodass wir uns nur schwer vorstellen konnten, einem entgegenkommenden Boot auszuweichen. In einigen Abständen gab es jedoch breitere Bereiche, auf denen man vorausschauend warten konnte. Wir hatten Glück, es kam kein Schiff entgegen. Der Ruppiner Kanal ist einer der wenigen Strecken im gesamten Hausbootrevier mit kilometerlangen und schnurgeraden Abschnitten. Wir fragten uns schon, ob die Entscheidung für dieses Revier richtig war. Ab dem Kremmener See änderte sich die Landschaft und ließ uns den etwas eintönigen Weg auf dem Kanal vergessen. Das Boot hinter uns steuerte den Anleger an der Seelodge an. Die große Anlage mit dem Haupthaus auf 64 Pfählen im Wasser lag romantisch vor dem bewaldeten Ufer in der Nachmittagssonne. So würde man sich wohl einen See in Kanada vorstellen und wir überlegten, ob wir die Nacht ebenfalls hier verbringen sollten. Da der Wasserweg jetzt abwechslungsreicher wurde, entschieden wir uns für die Weiterfahrt und wollten noch ein Stück davon erkunden.

Auf dem folgenden Kremmener Rhin wurde die Wasserfläche breiter, das Schilf trat zurück und Seerosen säumten die Fahrrinne. Das Kremmener Luch ist ein großes Sumpfgebiet. Einen weiteren See konnten wir nur anhand der Wasserkarte erahnen. Die Zufahrten waren völlig vom Schilf zugewachsen. Durch den Bau des Ruppiner Kanals im ausgehenden 18. Jahrhundert hat sich die Fließrichtung des Kremmener Rhin umgekehrt und das Gebiet wird jetzt nach Osten in die Havel entwässert. Dadurch wurden in den letzten 300 Jahren viele Ackerflächen dem Sumpf abgerungen und der Kanal gehört zu den ältesten künstlichen Wasserwegen Brandenburgs.

Ein Stück weiter winkte uns das noch vorausfahrende Boot vorbei. Einige Schlingpflanzen hatten sich im Propeller verfangen und mussten erst entfernt werden. Im flachen, pflanzenreichen Wasser kann das manchmal passieren. Es scheint dann so, als würde jemand das Boot festhalten. Die erwartete Geschwindigkeit passt nicht zur Drehzahlanzeige. In den meisten Fällen können Sie ein solches Problem lösen, indem Sie den Propeller abwechselnd kräftig rückwärts und vorwärts drehen lassen. Vergessen Sie nicht, der Motorwelle zuliebe die entsprechenden Pausen im Leerlauf einzuhalten. Inzwischen hatten wir die Schleuse in Altfriesack als Tagesziel erkoren, um am folgenden Morgen gleich beim ersten Schleusenvorgang mit dabei zu sein. Stimmung und Wetter ließen es zu, bis zum Abend unterwegs zu sein.

Später zweigte der Alte Rhin nach Fehrbellin ab. Der Rhin ist ein Nebenfluss der Havel und versorgt aus den Rheinsberger Gewässern kommend, das Ruppiner Land über ein verzweigtes Netz mit Wasser. Außer auf den ausgebauten Hauptstrecken ist der Rhin den Kanuten und Booten ohne Motorantrieb vorbehalten. Der Alte Rhin bis Fehrbellin ist für Motorboote bis acht Meter Länge und 90 cm Tiefgang befahrbar. Dafür war unsere »Time-Out« schon zu groß. Geschichtlich bekannt wurde Fehrbellin vor allem durch den politisch wichtigen Sieg des Großen Kurfürsten über die Schweden 1675 im Schwedisch-Brandenburgischen Krieg. Damit wurde der Aufstieg Preußens zur europäischen Großmacht begründet.

Der Bützsee wirkte nach den vielen schmalen Kanälen geradezu riesig und hatte an diesem frühen Abend einen richtigen Seegang. Der Wind blies über das sehr flache Wasser von selten mehr als einem Meter Tiefe. Das Fahrwasser war wie eine Landebahn in engen Abständen markiert.

Kurz hinter dem See endete unsere Fahrt vor der Schleuse Altfriesack, dessen Schleusenwärter schon im verdienten Feierabend war. Ein Gitterroststeg unter weit überhängenden Bäumen bot Platz für zwei Boote. Vor uns eröffnete sich der Blick auf die Schleusentore der unteren und oberen Schleusenkammer. Am gegenüberliegenden Kanalufer befanden sich Gärten mit privaten Stegen. Nach der sommerlichen Hitze des Tages war jetzt ein Bad im kühlen Nass eine angenehme Erfrischung. Durch den dunklen schlammigen Grund und die Wasserpflanzen und Blütensamen auf dem Wasser wirkte dieses etwas schmutzig, obwohl es sauber war. Wir badeten in der Natur wie in einem Schwimmteich. Kaum dass wir wieder an Bord waren, kam das ältere Ehepaar mit ihrem Boot, welches wir zuvor überholt hatten. Wir halfen beim Anlegen, ein Platz war ja noch frei. Dafür gab es ein »Anlegebier« und einen Erfahrungsaustausch unter Skippern. Das Problem mit dem Propeller konnten sie auf die bewährte Methode lösen.

Von unserem Liegeplatz gab es keinen direkten Weg in das Hinterland. Auf der Suche danach irrte ich zunächst über eine Wiese mit mannshohem Gras und Strauchwerk. Dann fand ich entlang eines

Gartengrundstücks doch noch einen Trampelpfad in den kleinen Ort Altfriesack, der aber nur aus wenigen Häusern besteht.

Die Entfernung zum größeren Ortsteil Wustrau-Altfriesack am Neuruppiner See war mit knapp zwei Kilometern ausgeschildert und für uns an diesem Abend zu weit. So inspizierten wir nur die Klappbrücke im Ort, von der man einen guten Blick auf die Schleuse und das verbreiterte Oberwasser hatte. Laut Gewässerkarte wird die untere Schleusenkammer nur für Boote mit mehr als 90 cm Tiefgang genutzt. Das war nach den Bordunterlagen genau das Maß unseres Bootes. Auf Webseiten im Internet wird eine Marco 860 meist mit 80 cm Tauchtiefe angegeben. Falls der Schleusenwärter fragen sollte, würde ich der Sicherheit wegen das größere Maß angeben.

Den Abend verbrachten wir an Bord. Für das Abendbrot nutzte ich den mitgebrachten Grill, der aufgrund seiner Konstruktion einen Funkenflug ausschließt und somit auf dem Steg bzw. Boot zum Einsatz kommen konnte. Nach einem guten Essen genossen wir die Ruhe am Kanal. Die Bordbibliothek mit einigen Zeitschriften und Büchern bot genug Auswahl für eine Lektüre, aber keiner von uns hatte an diesem Abend Interesse daran. Wir wollten nur sitzen und in die Natur hinaus schauen. Das Verdeck war wegen der milden Abendtemperaturen des heißen Sommertages noch geöffnet. Mücken gab es nicht, obwohl sich der Wind vollständig gelegt hatte. Auftauchende Fische verursachten immer wieder ein leichtes Plätschern im Wasser, in der Ferne hörte man vereinzelt einen Vogelschrei.

Etwas Aktivität brachte die Ankunft einer weiteren Bootsbesatzung. Da der Steg für einen eigenen Anlegeplatz zu kurz war, konnten wir nur einen Platz im »Päckchen« anbieten, das heißt, an unserem Boot längsseits festzumachen. Das ist bei belegten Liegeplätzen ein übliches Verfahren, wenn man damit das Fahrwasser nicht blockiert. Fragen sollte man die Crew, bei der man festmachen will, natürlich schon, da man für einen Landgang über das fremde Deck gehen muss. Vielleicht war die Nähe der beiden Boote dann doch zuviel, denn nach dem Anlegemanöver entschied sich die Crew dafür, an einem Privatsteg auf der anderen Seite festzumachen. Dort war kein Betrieb und wir waren wieder für uns.

Später brach noch eine Familie am gegenüberliegenden Ufer zu einer abendlichen Fahrt Richtung Bützsee auf. Das kleine offene Boot wurde von einem Elektro-Außenbordmotor angetrieben und bewegte sich lautlos vorwärts. Nach einer halben Stunde kam es ebenso leise zurück. Ich dachte dabei an die Charterboote früherer Zeiten. Beim morgendlichen Motorstart hinterließen wir nicht selten eine ordentliche Rußwolke am Anleger. Mit der »Time-out« waren wir schon sauberer unterwegs, im Sinne alternativer und umweltfreundlicher Antriebe auf dem Wasser gibt es aber in den nächsten Jahren noch viel Potenzial.

Vor dem Schlafengehen dachte ich kurz an unser »Stromproblem« vom Schlosshafen in Oranienburg. Einen Test, ob sich das System wieder normal verhält, konnte ich nicht vornehmen, da der Steg keinen Stromanschluss bereitstellte. Vor der heutigen Abfahrt war an der Stromsäule ersichtlich, dass Strom in der Nacht verbraucht wurde. Deshalb ging ich davon aus, dass auch die Batterien geladen wurden, obwohl die LED-Anzeige weiterhin dunkel blieb. Die Motordrehzahl unterwegs sollte ebenfalls für Ladestrom sorgen. Unsere Hauptverbraucher waren der Kühlschrank und die morgendliche Nutzung der Kaffeemaschine, bei den anderen Geräten hatte ich mich zurückgehalten.

Am nächsten Morgen waren wir früh auf, schließlich wollten wir bei der ersten Schleusung dabei sein und ein gutes Frühstück gehörte zum morgendlichen Ritual. Die Kaffeemaschine lieferte mit dem Bordstrom eine Kanne Kaffee, also war alles bestens. Pünktlich acht Uhr nahm die Schleuse ihren Betrieb auf, allerdings mit der Gegenschleusung, wodurch wir noch eine halbe Stunde warten mussten. Nach Angabe des Tiefgangs ließ uns der Schleusenwärter gleich bis in das obere Becken durchfahren. Nach dem Schleusenvorgang und Öffnung der Tore war die Klappbrücke bereits geöffnet und wir konnten unsere Reise fortsetzen. Wie wir das meistens bei unseren Touren praktizieren, wollten wir zunächst bis an das Ende der Strecke, also bis Lindow fahren, um dann auf dem Rückweg an für uns interessanten Punkten eine Rast einzulegen. Damit hatten wir eine Tagestour von 36 km und zwei Schleusen einschließlich der von Altfriesack vor uns.

Einen halben Kilometer nach der Schleuse fuhren wir bereits auf den Neuruppiner See hinaus, der sich wie ein gekrümmter Wurm durch die Landschaft schlängelt. Mit 14 km ist er der längste See in Brandenburg, aber meistens nur etwa 500 m breit. Auf dem See waren wieder mehr Boote unterwegs. Viele Anlieger verfügen über eigene Boote für die »Hausgewässer«. Auf dem See konnten wir etwas schneller fahren, dennoch brauchten wir eine Stunde, bis wir Neuruppin passierten. Im nördlichen Teil der Stadt führt die einzige Brücke über den See. In der Natur sah es so aus, als ob der See hier enden würde. Die Querung ist ein dicht bewachsener Damm, der nur in der Nähe der Ufer entsprechende Passagen hat, die im Einbahnstraßensystem betrieben werden. Richtung Norden mussten wir die rechte Durchfahrt nehmen. Hinter der Brücke öffnete sich der See erneut zu seiner vollen Breite.

Nach der langen Fahrt auf dem Neuruppiner See waren wir froh, wieder auf beschaulichen Flussabschnitten unterwegs zu sein. Alt Ruppin bot auch gleich alles auf, was eine Tour auf Binnengewässern so reizvoll macht. Einen gewundenen Flussverlauf, gesäumt von gepflegten Wassergärten, die akkurat von den Uferbefestigungen eingefasst waren, überhängende Weiden, Brücken und kleine Boote am Ufer. Hinter dem Ort erreichten wir die Schleuse Alt Ruppin und wurden in kurzer Zeit knapp zwei Meter nach oben befördert.

Danach führte uns der Wasserweg auf dem Rhin durch eine Kette von Seen, die schmalere und breitere Flussabschnitte verbanden. Dann fuhren wir ein längeres Stück auf dem Rhin zwischen dem Zermützelsee und dem Möllensee. Hier trat der Wald, der sonst bis an das Ufer reichte, ein wenig zurück. Seerosen säumten die Fahrrinne, dahinter Schilf und niedriges Buschwerk, langsam ansteigend bis zur Höhe der Bäume. Teilweise war das Fahrwasser von schwimmende Holzstämmen, die mit Ketten an eingerammten Buhnen befestigt waren, wie durch ein Geländer eingefasst. Graureiher und Schwäne standen auf den Stämmen und beobachteten uns wie die Zuschauer auf einer Tribüne. Die Natur zeigte sich in ihrer Vollkommenheit. In der Gegend mündet der Rheinsberger Rhin. Auf diesem sind es nur knapp 20 km bis Rheinsberg. Entsprechende Anbieter vermieten Kajaks inklusive dem Transfer bis Rheinsberg, um von dort flussabwärts zu paddeln. Die Befahrung ist allerdings jahreszeitlich beschränkt und nur bei ausreichend Wasser möglich. Die Planung muss deshalb kurzfristig erfolgen.

Auf dem Gudelacksee änderte sich die idyllische Fahrt abrupt. Der See, an dessen Ende unser Tagesziel Lindow lag, wirkte sehr weitläufig und durch das windige Wetter rau und unfreundlich. Im See liegt eine Insel, auf der es durch den ehemaligen Tonabbau sogar zwei kleine Inselseen gibt.

Manchmal setzt sich im Kopf ein Gedanke fest, den man erst durch eigenes Erleben korrigieren kann. So hatte ich von Lindow immer das Bild einer romantischen Lage an einem stillen Gewässer. Bei unserer Ankunft am Yachthafen Lindow wehte der Wind kräftig über den See und verursachte ein unruhiges Wasser. Eine Reihe bunter Bungalowboote lag dicht gereiht wie ein Bollwerk vor dem Hafen. Auf der Suche nach einem geschützten Liegeplatz hinter dieser »Bootsmauer« wurden wir vom Hafenmeister unwirsch auf die andere Seite geschickt, um dort längsseits anzulegen. Bei dem Wind und Wellengang war es gar nicht so einfach, zwischen den Stegen wieder herauszukommen, aber was der Hafenmeister anweist, ist Gesetz. Wenig später hatten wir am richtigen Ort festgemacht. Ein Stück entfernt gab es Stromanschlüsse. Die Hafenbar in der Nähe hatte schon einen Fernseher nach draußen gehängt, schließlich befanden wir uns mitten in der Fußballweltmeisterschaftszeit. In der Hoffnung, die Batterien wieder aufladen zu können, gab es erneut eine Enttäuschung. Das Stromkabel war zu kurz. Für diese Fälle war eine Verlängerung an Bord, aber dort fehlte auf einer Seite ein Adapter, um zwischen den üblichen 16 Ampere Steckern und den Schukosteckern des Verlängerungskabels zu vermitteln. Die Nachfrage beim Hafenmeister und dessen Suche im Ersatzteillager hinter der Bar führte nicht zu einer nutzbaren Lösung. Weiter nach vorn fahren konnten wir wegen eines anderen festliegenden Bootes auch nicht, also gab es eben keinen Strom. Dennoch war es jetzt Zeit, bei unserem Vermieter anzurufen. Am Verlängerungskabel hätten zwei Adapter sein müssen, dass es nur einer war, tat ihm leid. Ich sollte doch versuchen, einen zu kaufen, das Geld würde ich wiederbekommen. Dem möglichen Stromproblem an Bord gingen wir bei dieser Gelegenheit auf den Grund. Nach dem Abtauchen im Motorraum konnte ich mit Anleitung den Konverter zurücksetzen. Danach leuchtete die Anzeige für Batteriestrom wieder, ein gutes Zeichen. Wahrscheinlich würde die Umschaltung auf Landstrom ebenfalls funktionieren, wenn es uns gelungen wäre, die fehlenden Meter Kabel zu überbrücken.

Nach dieser Aktion rüsteten wir uns zu einem Stadtrundgang, damit sich die Stadt ihr »reizendes Bild« zurückerobern konnte, das Theodor Fontane so gepriesenen hatte. Der Dichter ist im Neuruppiner Land allgegenwärtig und sollte uns noch öfter begegnen, vor allem in seiner Geburtsstadt Neuruppin. Auf dem Weg zur Stadtmitte kamen wir nicht weit. Für eine kulinarische Grundlage legten wir eine Rast im Restaurant Gudelacksee, nur wenige Meter von der Marina entfernt ein. Und tatsächlich, mit dem Blick aus dem Fenster der Gaststube auf den See und die Stege mit den bunten Booten verbesserte sich unsere Laune.

Lindow wird als Stadt der drei Seen bezeichnet. Der Gudelacksee, über den wir angekommen waren, begrenzt die Stadt zur westlichen Seite. Auf der östlichen Stadtseite befindet sich der Wutzsee, der für Motorboote gesperrt ist. Lindow liegt wie auf einem breiten Damm dazwischen. Südöstlich erstreckt sich der lang gezogene Vielitzsee. Dieser ist über einen kurzen Kanal erreichbar. Aus zeitlichen Gründen hatten wir eine Fahrt auf den See nicht geplant.

Dem Schicksal vieler weiterer Städte gleich, wurde auch Lindow durch einen Stadtbrand seiner mittelalterlichen Häuser beraubt und nach 1803 im klassizistischen Stil wieder aufgebaut. Unser Rundgang führte zunächst zum Wutzsee und der Klosterruine auf der anderen Seite des Ortes. Die Skulptur der schönen Amelie im See erinnert daran, dass nicht jeder Aufenthalt im Kloster freiwillig war. Das adelige Mädchen liebte einen nicht standesgemäßen Bauernsohn und wurde deshalb von ihren Eltern in das Kloster verbannt. Ihre Liebe war jedoch stärker und der Jüngling befreite sie wieder. Die Geschichte lässt offen, ob das Paar eine glückliche Zukunft hatte. Wir hätten es ihnen auf jeden Fall gewünscht. Die Klostergebäude wurden bereits im Dreißigjährigen Krieg von den kaiserlichen Truppen niedergebrannt. Einen Teil der Klosterziegel ließ der Große Kurfürst für den Bau des Oranienburger Schlosses verwenden. Einige Gebäudereste blieben jedoch erhalten und lassen der Fantasie freien Lauf, sich das Leben in den kargen Klostermauern vorzustellen. Wie sollte es anders sein, auch Theodor Fontane war hier und ließ sich inspirieren. Die Ruinen wurden zum Vorbild für das »Kloster Wutz« im Roman »Der Stechlin«.

In der Stadt bieten die frühklassizistischen Häuser einschließlich des Rathauses an der Straße des Friedens viele Fotomotive. Besonders originell ist das sogenannte »Puppenhaus« in dieser Straße. Die vier Statuen auf dem Dach, verkörpern die Musen des Gesangs, der Sternkunde, der Dichtkunst und der Poesie. Die großen Tore in den Häuserfronten wurden früher als Durchfahrt in die Höfe genutzt. Nahe dem Rathaus befindet sich ein kleiner Vogelpark mit zahlreichen Volieren. In der barocken Stadtkirche erhielten wir eine ehrenamtliche Kirchenführung. Besonders schön sind die farbigen Bleiglasfenster, der Altar im Mittelteil sowie die Sauer-Orgel des berühmten Orgelbauers Wilhelm Sauer.

Zurück am Gudelacksee hatte auch dieser seinen Frieden gefunden. Der Wind hatte sich gelegt und das Wasser war ruhig. Von der kleinen Seebrücke konnten wir auf den See mit seinen bewaldeten Ufern und der großen Insel in der Mitte blicken. Der Yachthafen und die Marina des Segelclubs waren mit Booten gut gefüllt.

Eine Herausforderung im Hausbootalltag hatten wir noch vor uns. Nach einer Woche Fahrt wurde es Zeit, den Abwassertank zu leeren. Die Anzeige signalisierte einen Füllstand von dreiviertel. Eine exakte Messung ist technisch relativ schwierig und häufig ungenau. Zu diesem Thema haben wir die verschiedensten Erfahrungen gemacht. Einmal war der Tank ohne entsprechende Warnung voll und die nächste

Absauganlage ein paar Tagestouren entfernt. Ein anderes Mal war die Anlage zur Entsorgung defekt oder notwendiges Bedienpersonal nicht auffindbar. Unsere Kinder nahmen früher regelmäßig Reißaus, wenn das Manöver anstand. In den letzten zehn Jahren hat sich diesbezüglich viel getan. Normalerweise ist der Vorgang in Selbstbedienung recht einfach. Nachdem man den Schlauchstutzen im richtigen Anschluss positioniert und Geld eingeworfen hat, verrichtet die Pumpe automatisch ihren Dienst. Probleme dürften Einzelfälle sein. Völlig verdrängen sollten Sie das Thema nicht. Die Abwassertanks an Bord passen häufig nicht zur möglichen Belegung des Bootes. Dann müssen Sie alle zwei bis drei Tage eine Anlage ansteuern. Wie dem auch sei, es ist gut, dass die Abwässer zumindest von der Toilette nicht einfach über Bord gehen, und was gesammelt wird, bedarf einer Entsorgung.

Lindow bot eine solche Anlage. Nach Rücksprache mit dem Hafenmeister war die Nutzung möglich. Dies erforderte jedoch, wieder abzulegen und auf die andere Hafenseite zu fahren, wo wir es bei unserer Ankunft schon einmal versuchten. Zum Glück war der Wind jetzt nur noch ein Lüftchen. Zum Festmachen an der Absauganlage gab es einige Stahldalben, also dicke betongefüllte Stahlrohre, die einzeln in den Grund gerammt waren. Diese mag ich überhaupt nicht, insbesondere wenn sie sehr niedrig sind. Die Fender bieten dann keinen Schutz und die harten Dalben können schnell einen Schaden am Rumpf verursachen. Es ging aber alles gut, der Hafenmeister nebst Gehilfen übernahmen sogar selbst das Abpumpen und Hantieren mit dem dicken Schlauch. Anschließend fuhren wir wieder zurück an unseren Liegeplatz und es wurde Zeit für einen Fußballabend an der Hafenbar, unabhängig davon, dass Deutschland zu diesem Zeitpunkt bereits in der Vorrunde der Weltmeisterschaft ausgeschieden war.

Blick von Lindow auf den Gudelacksee

Die Skulptur der Amelie am Ufer des Wutzsee soll an das adelige Mädchen erinnern, das der Sage nach wegen der Liebe aus dem Kloster floh.

Am nächsten Tag wollten wir natürlich nicht hetzen, aber möglichst den Hauptteil des Weges zurück nach Oranienburg schaffen. Auf halbem Weg stand auf jeden Fall der Besuch von Neuruppin auf dem Programm. Da wir auf die Schleusenzeiten achten mussten, hatte ich am Abend zuvor ein wenig am Tourenplan getüftelt. Die Schleuse Alt Ruppin ließe sich am frühen Vormittag passieren. Der Weg bis zur Stadt war dann nicht mehr weit und wir könnten dort bis nach dem Mittag verweilen. Vor dem Ende der Mittagspause um 14:00 Uhr brauchten wir nicht an der Schleuse in Altfriesack sein. Etwa eine Stunde würden wir bis dahin benötigen. Anschließend kam die lange Strecke bis zur Schleuse Hohenbruch. Wenn wir diese bis 17:30 Uhr erreichen sollten, bestand die Chance, auch die Schleuse Tiergarten zu passieren und wir wären wieder in Oranienburg, so der Plan. Es war Freitag, da hatten die Schleusen bis 19:00 Uhr geöffnet. Würden wir es nicht so weit schaffen, fände sich bestimmt ein Liegeplatz an der Strecke.

Vor acht Uhr legten wir ab. Der Tag wurde in gewohnter Weise als heißer Sommertag angekündigt. Bei strahlendem Sonnenschein genossen wir noch einmal die Fahrt auf dem Rhin, die Graureiher und eine Schwanenfamilie erwarteten uns wohl schon und präsentierten sich auf den Baumstämmen neben dem Fahrwasser. Die Strecke durch Alt Ruppin hätte gern länger sein können und erinnerte uns an die Wassergärten auf der Leie südlich von Gent in Belgien. Gepflegte Wassergrundstücke, private Bootsanleger, dekorative Bäume dicht am kurvenreichen Wasserlauf bildeten eine traumhafte Kulisse. Den Neuruppiner Straßendamm durchquerten wir diesmal auf der Stadtseite und hielten vor elf Uhr nach einem Anleger Ausschau.

Weithin sichtbares Wahrzeichen der Stadt ist die Klosterkirche St. Trinitatis und seit 1998 die 17 m hohe Edelstahlskulptur »Parzival am See«. Diese soll als Gleichnis an die Fähigkeit erinnern, aus den Erfahrungen der Geschichte zu lernen. Wir machten unweit der Figur am Bollwerk direkt an der großzügig angelegten Seepromenade fest. Der Anleger wird vom Betreiber »Rhinpaddel« verwaltet, der seinen Sitz gleich hinter der großen Skulptur hat.

Romantisches Altruppin

Die Fahrt durch Altruppin könnte gern länger sein

Seerosenfelder auf dem Rhin

Stadtanleger Neuruppin

Die berühmtesten Söhne Neuruppins sind Theodor Fontane und der Baumeister Karl Friedrich Schinkel. Beide verlebten hier allerdings nur ihre Kindheit. Auch Friedrich der Große hatte Verbindungen zur Stadt. Er befehligte als junger Kronprinz hier ein Regiment und stiftete manchen jugendlichen Unsinn mit seinen Freunden.

Im Geburtshaus Fontanes befindet sich noch immer die Löwenapotheke, die einstmals seinen Eltern gehörte. Das alte Gymnasium, das er eineinhalb Jahre lang besuchte, steht in unmittelbarer Nähe. Im Fontanejahr 2019 feiert Neuruppin den 200. Geburtstag des vielseitigen Dichters. Auf dem Fontaneplatz können Sie ihm begegnen. Er sitzt dort als Bronzedenkmal mit Schreibblock und Stift ausgerüstet auf einer steinernen Bank. Die Inspiration zu seinen berühmten Wanderungen erhielt er durch eine Bootsfahrt in Schottland, wo er auf dem Loch Leven eine Burgruine besuchte, die ihn an das heimische Rheinsberg erinnerte. Zurück in der Heimat machte er sich gleich auf den Weg in das Ruppiner Land. In 30 Jahren entstanden fünf Bände der »Wanderungen durch die Mark Brandenburg«. Eine Verbindung hat Fontane auch zu einem Bauwerk, das jetzt am Finowkanal steht. Wenn Sie mit dem Hausboot dort unterwegs sind, dann kommen Sie an der Messingwerksiedlung vorbei. Hier überspannt die Teufelsbrücke die Hafeneinfahrt. Auf dieser Brücke soll sich Fontane 1845 verlobt haben. Damals führte sie als Weidendammer Brücke über die Spree in Berlin. Fünf Jahre später löste er sein Versprechen durch die Ehe ein, die bis zu seinem Tod hielt.

Nach der vielen Natur der letzten Tage konnten wir etwas Kultur und Geschäftigkeit in der großzügig angelegten Stadt vertragen. Wie geplant, legten wir nach dem Mittag ab und fuhren zügig über den Neuruppiner See. An der Schleuse Altfriesack warteten schon einige kleinere Boote auf die Schleusung, wir kamen dennoch mit durch. Bis zur SeeLodge bei Kremmen war die Fahrt nochmals sehr abwechslungsreich, dann folgten die geraden Abschnitte des Ruppiner Kanals. Auf dem Rückweg erschienen sie uns viel länger als auf der Hinfahrt. Die Nutzung der Kaffeemaschine am Nachmittag offenbarte das baldige

Ende der Stromversorgung an Bord. Die Anzeige signalisierte »Low Battery«. Drei Tage ohne Landstrom forderten ihren Tribut und die täglichen Motorstunden hatten wahrscheinlich nicht genug Strom zum Laden geliefert. Zum Glück haben die Boote immer zwei Stromnetze, eines für den Motor und eines für die Verbraucher. Damit ist sichergestellt, dass sich der Motor starten lässt. Dennoch sollte man eine Totalentleerung der Verbraucherbatterien unbedingt vermeiden.

In der geplanten Zeit erreichten wir die Schleuse Hohenbruch. Während des Leerungsvorgangs erzählte uns der Schleusenwärter von Rasern, die immer wieder auf dem Kanal unterwegs sind. Der Rekord läge wohl bei 35 Minuten bis zur Schleuse Altfriesack und der Staatsanwalt würde jetzt den Fall bearbeiten. Etwas unwahrscheinlich erscheint uns das schon, immerhin sind es 22 km. Tatsache ist, dass sich die Schleusenwärter untereinander abstimmen, welche Boote auf den jeweiligen Abschnitten unterwegs sind. Durch die bekannte Entfernung wissen sie also genau, wie lange man benötigt, ohne die vorgegebene Geschwindigkeit von acht Kilometer pro Stunde zu überschreiten. Vielleicht wollte er uns nur auf die Einhaltung der Vorschriften hinweisen, obwohl wir uns keiner Schuld bewusst waren. Zu schnelles Fahren schadet dem Kanal erheblich, da die Ufer unterspült werden. Dadurch verlandet der Wasserweg und die Fahrrinne wird zunehmend flacher.

Eine knappe Stunde später erreichten wir die Schleuse Tiergarten und damit das gesteckte Tagesziel. Auf dem Oranienburger Kanal kamen wir mit sechs Kilometer pro Stunde nochmals langsamer vorwärts und wir waren recht froh, endlich am Wasserwanderrastplatz »Bollwerk Oranienburg« anlegen zu können. Als wir ankamen, war schon alles belegt, aber die liegenden Boote gehörten zusammen und eines davon ging längsseits ins »Päckchen«, wodurch wir einen freien Liegeplatz erhielten. Typisch fur Wasserwanderrastplätze ist das kostenlose Liegen allerdings ohne Versorgungseinrichtungen. Damit gab es wieder keinen Strom. Ein großer Topf Spaghetti und ein Glas Wein waren jetzt genau die richtige Stärkung. Nach fast 70 km und neun

Stunden Fahrzeit waren unsere Kräfte verbraucht. Meine Frau formulierte ihre Standardbemerkung: »Urlaub mit dir ist anstrengend« und wir hatten einen zeitigen und guten Schlaf in der Nacht. Der nächste Tag musste unbedingt eine Versorgung für das Boot bringen, denn die Vorräte an Trinkwasser gingen ebenfalls dem Ende entgegen.

Außer den bereits beschriebenen vier Nebenrevieren der Kleinseenplatte kannten wir jetzt ein neues Revier. Die Neuruppiner Gewässer sind mit einer Strecke von rund 150 km für den Hin- und Rückweg ab Oder-Havel-Wasserstraße deutlich größer. Deshalb sind drei Reisetage nur für Vielfahrer empfehlenswert. Entspannter gestaltet sich die Tour über vier oder mehr Tage verteilt, selbst eine Woche sind nicht zu viel für dieses Revier. Der schmale Ruppiner Kanal ist keinesfalls unromantisch, aber eine lange Strecke. Die Schönheit der Natur entfaltet sich erst auf dem Rhin ab dem Kremmener See und steigert sich gewissermaßen bis Lindow. Wenn wir in Neuruppin umgekehrt wären, hätten wir wesentliche Teile des Reviers verpasst. Eine Alternative zur Anfahrt von Oranienburg ist das Chartern eines Bootes direkt in Neuruppin oder Lindow. Dann können Sie während eines Wochentörns das Ruppiner Land in aller Ruhe erkunden.

Fontane Denkmal

Video 09:

Auf den Ruppiner Gewässern

Auf dem Rhin zwischen Neuruppin und Lindow

Ruppiner Kanal

Auf dem Weg zum Kultur-Shopping in Potsdam

Durch die frühe Nachtruhe waren wir am nächsten Tag entsprechend zeitig munter. Um das Stromnetz nicht weiter zu belasten, verzichteten wir auf das Frühstück. Stattdessen legten wir gleich ab und hatten bereits kurz nach acht Uhr die Schleuse Pinnow hinter uns. Ziel war die Marina Havelbaude, wo wir in Ruhe das Boot und uns selbst versorgen wollten.

Dort angekommen, konnten wir ohne große Manöver am Außensteg festmachen. Nachdem wir dem Hafenmeister unsere Wünsche kundgetan hatten, meinte er: »Macht erst einmal in Ruhe Frühstück und kommt dann vorbei.« Den Vorschlag griffen wir wohlwollend auf. Zunächst wurde der Landstrom angeschlossen und zur allgemeinen Freude schaltete die Anzeige wieder korrekt um. Dieses Problem war also beseitigt. Wir nutzten ausgiebig Kaffeemaschine und Toaster. Danach füllten wir Frischwasser im Tank auf und saugten das Boot schnell mal durch und reinigten den Seewasserfilter. Einige Pflanzenreste hatten sich darin angesammelt.

Die Marina an der Oder-Havel-Wasserstraße ist recht idyllisch von Kiefernwald eingerahmt und bietet alle Serviceeinrichtungen. Eine weiträumige Terrasse am Restaurant würde am Abend eine schöne Aussicht über den Hafen und den Kanal bieten. Jetzt am Morgen war noch geschlossen. Obwohl die Marina groß war, belegten Dauerlieger die meisten Plätze, sodass nur etwa zehn Liegeplätze für Gäste zur Verfügung standen.

Zwei Stunden später setzten wir zur Bootstankstelle um, die sich etwas seitlich befand. Der Hafenmeister ging mit viel Ruhe beim Betanken vor, was uns ganz recht war. Unser Boot hatte geteilte Dieseltanks, die nur durch eine Schlauchverbindung gekoppelt waren. Die Dieselpumpe von der Tankstelle beförderte den Treibstoff natürlich schneller in den ersten Tank, als über die Verbindung in den zweiten abfloss. Deshalb mussten wir eine Pause einlegen, bis der Füllstand ausgeglichen war und nachgetankt werden konnte. Alles kein Problem.

Nur einmal wurde der Chef am Hafen energisch und lautstark, als auf dem Kanal eine Yacht mit ungebremster Geschwindigkeit vorbeifuhr. Tatsächlich ist es sehr rücksichtslos, derart schnell an Liegeplätzen vorbei zu fahren, da der Wellenschlag die liegenden Boote beschädigen kann, wenn diese zu stark in Bewegung geraten. Zum Abschluss konnten wir sogar das fehlende Adapterkabel kaufen. Nach einer freundlichen Verabschiedung legten wir mit einem Boot ab, das in allen Systemen wieder gut versorgt war und der Kaffee für unterwegs war auch schon in der Kanne.

Etwas später kam uns ein ehemaliges Kuhnle-Boot der Reihe Kormoran entgegen, das an seiner typischen Form schon von Weitem erkennbar war. Keine Seltenheit auf den Gewässern, aber der Name »Graskarpfen« hatte für uns eine besondere Bedeutung. Mit diesem Boot waren wir 2005 auf unserer ersten Bootstour unterwegs. Aufgrund der individuellen Farbgestaltung scheint es sich heute in Privatbesitz zu befinden.

Danach folgten typische Kilometer auf dem Oder-Havel-Kanal. Breit und gerade mit viel Betrieb, vor allem Gegenverkehr. In Berlin und Brandenburg hatten die Sommerferien begonnen und eine gehörige Anzahl Boote war auf dem Weg zu den Mecklenburger Seen. Die Schleusenwärter würden jede Menge Arbeit bekommen. Wir näherten uns allmählich der Schleuse Spandau. Wie wir dem Internet entnahmen und von mehreren Crews gehört hatten, war die Anlage wegen einer Havarie gesperrt. Eine solche Sperrung auf der Hauptverbindung von Nord nach Süd mitten in der Hochsaison wäre eine Katastrophe und womöglich das Ende unserer Reise, wenn es nicht zwei Varianten der Umfahrung gegeben hätte.

Gleich zu Beginn des Niederneuendorfer Sees zweigt der Havelkanal ab, der in großem westlichen Bogen Berlin und Potsdam umgeht und vor allem durch den Fernverkehr der Berufsschifffahrt genutzt wird. Wir entschieden uns für die zweite Alternative und fuhren weiter südlich in den Berlin-Spandauer-Schifffahrtskanal, dem früheren Hohenzollern-Kanal, ein. Dieser führt zunächst Richtung Berliner

Innenstadt. Am Westhafen machten wir eine Wende und gelangten über die Spree unterhalb von Spandau wieder zurück zur Havel. Die Schleusen Plötzensee und Charlottenburg konnten wir fast ohne Wartezeiten durchfahren und es herrschte so wenig Betrieb auf dieser Strecke, dass wir anfangs unsicher waren, überhaupt richtig zu fahren. Von Berlin bekamen wir allerdings außer großen Kaimauern und Hafenanlagen kaum etwas zu sehen, obwohl wir nicht weit vom Schloss Charlottenburg vorbeifuhren. Insgesamt bedeutete der Umweg etwa zwei Stunden zusätzliche Fahrt, da hatten wir noch einmal Glück.

Zurück auf der Havel war es nur ein kurzes Stück bis zur Kladower Seestrecke, einem breiten Havelverlauf von 12 km Länge, an dessen östlichem Ufer sich die Bucht des Großen Wannsee erstreckt. Es war Sonntag, es war heiß und in Berlin hatte die Ferienzeit begonnen. Da war es logisch, dass zahlreiche Urlauber mit dem Boot unterwegs waren. Unsere bisherigen Vorstellungen von vielen Booten auf dem Wasser konnte man nur als provinziell bezeichnen. Hier herrschte Rushhour und es schien fast unmöglich, überhaupt einen Weg durch die kleinen und großen Segel- und Motorboote zu finden. Ein Wunder, dass sich nicht tatsächliche Staus bildeten. Eine durchaus beeindruckende Erfahrung und ein Kulturschock gegenüber den geradezu einsamen Ruppiner Gewässern.

Es ist schon ein Zufall, dass unser englischer Hausboot-Vorfahr Doughty ebenfalls an einem Sonntag 1891 von Spandau nach Potsdam hier auf dem Wasser unterwegs war und feststellte: »weiße Segel leuchteten in allen Richtungen«. Auch damals war das Segeln eine beliebte Freizeitbeschäftigung.

Mit diesen Eindrücken mischten wir uns in das Getümmel. Wir folgten einigen anderen Yachten, die einen ähnlichen Kurs nahmen, der Rest der Boote kreuzte wild auf dem Gewässer. Nachdem sich die Perspektive des scheinbaren Gedränges etwas entzerrt hatte, gab es freilich genug Raum zwischen den Schiffen, dennoch musste man sehr aufmerksam und vorausschauend fahren und grundlegende Vorfahrtsregeln auf dem Wasser kennen. Aus der Ferne konnten wir auf das

Strandbad am Großen Wannsee blicken. Nach Beschreibungen ist es das größte Binnenseebad Europas mit einer über 100-jährigen Tradition. Auf 1,3 km Sandstrand bietet es Platz für 50.000 Gäste.

Die Windverhältnisse waren für das Segeln ideal. Manche Yachten kreuzten in bedrohlicher Schräglage vor und hinter unseren Boot, was wahrscheinlich gefährlicher aussah, als es tatsächlich ist. Da wir des Segelns unkundig sind, können wir uns dazu kein Urteil bilden. Solche Momente und Erkenntnisse zeigten uns die Grenzen der eigenen Fähigkeiten, aber alles kann und muss man nicht beherrschen. Wir tuckerten mit unserem schönen Boot zufrieden durch die Mehrheit der Segler.

Recht unangenehm für uns waren die Sportboote, die in Gleitfahrt tiefe Furchen in das Wasser zogen und damit eine große Heckwelle erzeugten. Da man an so einem Tag zeigen wollte, was man kann oder besser was der Antrieb leistet, gab es zahlreiche »Raser« und wir mussten immer darauf achten, möglichst nicht längsseits zu den Wellen zu kommen. Meist war das nur eine einzige Welle, die oft aus dem Nichts kam, wenn der Verursacher schon längst vorbei war. Unser Boot reagierte auf die steilen Wellenberge sehr empfindlich mit einer abrupten Schaukelbewegung. Für den Fall hatte meine Frau alles Bewegliche, das Schaden nehmen konnte, unter Bord in den Schränken verstaut.

Ein UNESCO-Weltkulturerbe mit dem Boot entdecken

Nach diesen Erfahrungen und Beobachtungen näherten wir uns dem Herzen der Schlösser und Gärten des preußischen Königshofes an der Havel. Den Anfang der einmaligen Kulturlandschaft machte die Pfaueninsel. Ihr dichter Baumbestand, zu dem auch sehr alte Eichen der jahrhundertealten Vegetation gehören, gaben nur wenige Blicke auf die heutigen Gebäude und den Park frei. Die Ursprünge zur Nutzung der Insel reichen in die Zeit des Großen Kurfürsten im 17. Jahrhundert und damit in die Anfänge der brandenburgischen Geschichte zurück. Mit einer Kaninchenzucht besserte der Kurfürst die Staatskasse auf, was der Insel zunächst den Namen »Kaninchenwerder« einbrachte. Dann forschte der Alchimist und Glasmacher Johannes Kunckel auf dem Landstück an neuen Glaskreationen, bis die Gebäude durch seine gefährlichen Versuche niederbrannten. Etwa 80 Jahre später entdeckte der Kronprinz Friedrich Wilhelm die Liebe zu dieser Insel und vor allem zu seiner sehr jungen Geliebten, Wilhelmine Encke. Für beide wurde das Eiland zur »Liebesinsel«.

Das verspielte kleine Schloss, auf das wir an der Westspitze der Insel blicken konnten, entstand fast 30 Jahre nach den Liebesabenteuern. Inzwischen zum König Wilhelm II. gekrönt, ließ er die Insel ab 1794 als persönlichen Rückzugsort ausbauen. Dazu gehörte der Bau einer Meierei. An der fantasievollen Gestaltung nach englischen und französischen Vorbildern mit Elementen des antiken Rom hatte auch Wilhelmine Encke einen großen Anteil, die als Mätresse und spätere Vertraute mit dem König verbunden blieb. In dieser Zeit kamen die ersten Pfauen auf die Insel, wodurch sie einen neuen Namen erhielt. Viel Freude war dem König mit der Neugestaltung nicht beschieden. Mit der Fertigstellung der Gebäude starb er mit jungen 53 Jahren einen einsamen Tod nach einer kurzen aber reichlich verschwenderischen Herrschaft. Nicht einmal Wilhelmine Encke konnte in der Todesstunde bei ihm sein. Sie hatte bereits die Gunst des Kronprinzen verloren. Die Erinnerungen an die unbeschwerte Jugendzeit und die Aufenthalte auf der Insel blieben wohl beiden ein Leben lang im Gedächtnis.

Die Gestaltung der Pfaueninsel ging unter seinem Sohn Friedrich Wilhelm III. weiter. Er hatte Luise von Mecklenburg-Strelitz geheiratet und führte mit ihr eine glückliche aber kurze Ehe. Ihr waren wir bereits im »Drei-Königinnen-Schloss« in Mirow begegnet. Die Verbindung der Herrscherhäuser war sogar noch enger, denn Luise´s Schwester heiratete in einer Doppelhochzeit den Bruder von Friedrich Wilhelm. Die schon zu Lebzeiten sehr beliebte und verehrte Königin starb mit jungen 34 Jahren. Sie gebar dem König dennoch zehn Kinder, von denen sieben das Erwachsenenalter erreichten. Sie hatte dem eher schüchternen und bürgerlichen König viele Repräsentationspflichten des Königshauses abgenommen, weshalb ihr früher Tod ein großer Verlust war. Für die späteren Gebäude auf der Pfaueninsel war Karl Friedrich Schinkel einer der Baumeister und Peter Joseph Lenné übernahm die Gestaltung des Parks. Dem König blieb die Insel aus schönen und friedlichen Zeiten mit Luise vor den Napoleonischen Kriegen in Erinnerung. Nach dem Tod des Königs blieb die Pfaueninsel ab 1840 weitestgehend ungenutzt und glücklicherweise in ihrem ursprünglichen Bestand erhalten. Heute gelangt man nur über eine Fähre auf die Insel. Ein Anlegen ist verboten.

Wir hatten vom Wasser einen guten Blick auf das weiß leuchtende Lustschlösschen mit seinen markanten Rundtürmen und der Brücke in der Höhe, die beide Türme verbindet. Das Schloss ist der Abschluss einer Sichtachse vom Marmorpalais in Potsdam. Auf dieser gedachten Linie fuhren wir weiter auf der Havel, wo kurz darauf die Heilandskirche Sacrow am rechten Ufer zu sehen war. Meine Frau übernahm erneut das Steuer, damit ich einige Fotos machen konnte.

Die markante Kirche sowie das landeinwärts liegende Schloss ist nicht nur geografisch die nächste Sehenswürdigkeit, sondern auch zeitlich. Luise´s erstgeborener Sohn und spaterer preußischer König Friedrich Wilhelm IV. war ein Bewunderer der italienischen Architektur. Er war sehr romantisch veranlagt und von den Ereignissen in der Kindheit, den militärischen Niederlagen seines Vaters und dem frühen

Tod der Mutter geprägt. Hier an der Havel fand er mit dem Gut und Herrenhaus Sacrow ein bauliches Betätigungsfeld. Er ließ die Gebäude im italienischen Stil erweitern und 1844 die Heilandskirche, wie in Italien üblich, mit separatem Glockenturm am Ufer bauen. Selbst wohnte er nie in diesem Schloss. Der Gartenarchitekt war wiederum Lenné, der die neue Kirche in die Sichtachsen zu den Schlössern der Umgebung einbezog. In der ersten Hälfte des 20. Jahrhunderts war das Umland des Anwesens eine exklusive Wohngegend und ein beliebter Ausflugsort.

Später verlief die deutsch-deutsche Grenze direkt über das Kirchengelände und bezog den Kirchturm als Wachturm in die Grenzanlagen ein. Das Ergebnis war die fast vollständige Zerstörung der Kirche, eine Situation, die man sich beim heutigen Anblick kaum noch vorstellen kann.

Damit waren wir auf dem See vor der Glienicker Brücke im Herzen der preußischen Schlösser an der Havel angekommen. Von der Pfaueninsel kommend, fuhren wir unmittelbar auf das Marmorpalais zu. Das Schloss liegt nicht direkt an der Havel, sondern steht zurückgesetzt im Neuen Garten am Heiligen See. Es wurde aber eine Sichtachse über den Jungfernsee bis zur Pfaueninsel geschaffen. Das verwundert nicht, denn der Bauherr war Friedrich Wilhelm II., den viele Erinnerungen an die Liebesabenteuer mit Wilhelmine Encke auf der Pfaueninsel verbanden. Das Marmorpalais stammt somit vom Großvater der Schlossherren von den umliegenden Schlössern. Seinen Namen erhielt das Palais im frühklassizistischen Stil durch Schmuckelemente aus grauem und weißem schlesischen Marmor. Einer der Architekten war Carl Gotthard Langhans, der Baumeister des Brandenburger Tors. Vom Jungfernsee konnten wir das Marmorpalais nur entlang des Hasengrabens erblicken, der den Heiligen See mit dem Jungfernsee verbindet.

Kaum hatte ich über diese Sichtachse ein paar Fotos gemacht, bot sich linker Hand der Blick auf den Park von Schloss Glienicke. Sehen konnte man allerdings nur das Casino am Ufer der Havel. Die anderen Gebäude waren hinter den Bäumen verborgen. Auf diesem Besitz verwirklichte sich der dritte Sohn von Luise, noch bevor sein Bruder den Ausbau von Schloss Sacrow begann. Nach der ersten Italienreise war er vollends von der Landschaft und Architektur Italiens mit den Elementen antiker Bauten fasziniert und wollte sich unbedingt ein Anwesen im italienischen Stil schaffen. Mit dem Kauf des ehemaligen Landsitzes von Fürst Hardenberg erfüllte er sich 1824 diesen Traum und ließ die Anlage unter Leitung der »Hausarchitekten« Schinkel für die Gebäude und Lenné für den Park umbauen und erweitern. Er war ein großer Anhänger antiker Kunst und begann, eine Sammlung anzulegen. Die Kunstwerke brachte er teilweise selbst von den Italienreisen mit. Mit seiner Begeisterung inspirierte er sicher auch seinen Bruder bei den Bauten in Sacrow. Bis ins hohe Alter von 82 Jahren lebte er auf dem Anwesen. Nach seinem Tod verfielen die Gebäude recht schnell, die gesammelten Objekte verstreuten sich in die ganze Welt, da sein Sohn nur zwei Jahre später starb und weitere Nachkommen kein Interesse daran bekundeten. Erst nach der Wiedervereinigung bekam die Anlage ihren alten Glanz zurück.

Wir fuhren durch die ebenfalls geschichtsträchtige Glienicker Brücke und hatten Schloss und Park Babelsberg vor uns. Um den kleinen Geschichtskurs zum Herrscherhaus der Hohenzollern abzuschließen, sind wir bei Babelsberg wieder bei einem Sohn von Luise und Friedrich Wilhelm III. Mit den Schlössern Sacrow, Glienicke und Babelsberg haben sich also gleich drei Söhne der beliebten Königin hier verewigt. Prinz Wilhelm war der zweite Sohn von Luise. Die Arbeiten zum ersten Teil des Schlossbaus und zur Anlage des Gartens begannen 1833. Wieder waren Schinkel und Lenné die führenden Architekten, allerdings hatte Lenné wegen schlechter Bewässerung auf dem Babelsberg wenig Glück bei der Gartenanlage und verfehlte auch den Geschmack von Wilhelms Gemahlin, der Prinzessin Augusta. Die Verantwortung wurde ihm entzogen und Fürst Pückler-Muskau setzte die Arbeiten fort. Er löste durch Speicherseen und ein Pumpwerk das Bewässerungsproblem. Nachdem das Herrscherhaus über das nötige Geld verfügte und Wilhelm überdies zum Kronprinzen ernannt wurde, ließ er das

Schloss zehn Jahre später zur heutigen Form erweitern. Es diente fortan als Sommerresidenz für Wilhelm, der ab 1861 seinem Bruder als preußischer König folgte und ab 1871 erster deutscher Kaiser wurde. Mit dem Schlossbau entstanden auch die Gebäude im Landschaftspark Babelsberg. Einen Besuch des Parks hatten wir uns für den nächsten Tag bereits vorgenommen.

Soweit die geschichtlichen Fakten. Der Ausflug in die Ahnentafel der Hohenzollern ist durch die Namensgleichheit der Monarchen ohnehin etwas verwirrend. In der Zeit vom Großen Kurfürsten ab 1640 bis zum Ende der Kaiserzeit trugen alle preußischen Herrscher den Namen Friedrich oder Friedrich Wilhelm. Der Exkurs ist allenfalls eine Anregung, sich genauer mit der facettenreichen Geschichte zu beschäftigen.

Die ehemalige Grenze versetzte einige der Gebäude in einen Dornröschenschlaf, der sie vielleicht vor dem Abriss unter sozialistischer Ideologie bewahrte, aber dennoch dem Verfall aussetzte. Wir machten uns nochmals die Freude darüber bewusst, dass heute alle Schlösser und Gärten nicht nur grenzfrei zugänglich, sondern auch komplett restauriert sind.

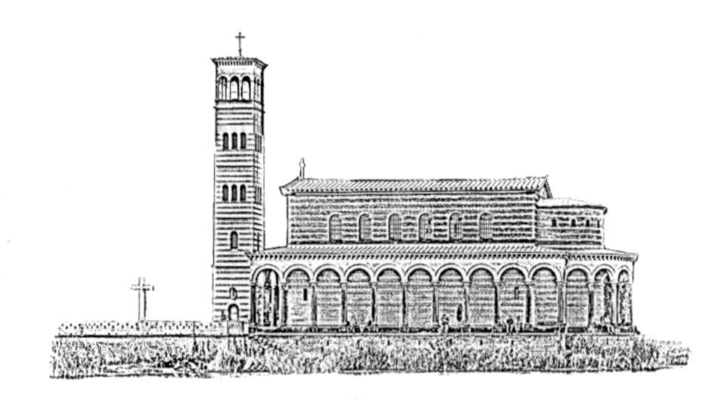

Heilandskirche am Port von Sacrow

Video 10: Die Havel bei Potsdam

Wir fuhren an der Wasserfontäne im See vor dem Schloss Babelsberg vorbei und waren auf dem Tiefen See. Dieser ist mit bis zu 16 m tatsächlich recht tief, stellt jedoch im eigentlichen Sinne nur eine Verbreiterung der Havel dar. Das vorrangige Thema unseres Hausbootalltags war es jetzt, einen Liegeplatz möglichst in der Nähe zu finden. Später sollten uns ein gutes Essen und die ersten zwanglosen Eindrücke von Potsdam erfreuen, ohne gleich wieder in die Historie einzutauchen.

Eines gibt es allerdings noch zu erwähnen, wenn wir schon das Glück hatten, unmittelbar daran vorbeizufahren. Vor der Glienicker Brücke lag der Nachbau einer Miniaturfregatte von 1832. Das Original schenkte der britische König dem preußischen Herrscher Friedrich Wilhelm III., der das Schiff zu Ehren seiner jung verstorbenen Frau Luise auf den Namen Royal Louise taufte. Es wurde bis 1914 über fünf Generationen preußischer Könige und deutscher Kaiser als »Lustyacht« genutzt. Nach der Auflösung der Monarchie verfiel das Schiff und es wurde nach dem Zweiten Weltkrieg endgültig abgewrackt. Seit 1998 ist der originalgetreue Nachbau erneut auf den Havelgewässern unterwegs. Als Winterquartier nutzt die schöne Fregatte übrigens den Fregattenschuppen an der Pfaueninsel, der bereits für den originalen Vorgänger gebaut wurde.

Beim Anblick der Yacht kam mir wieder die Reisebeschreibung Doughty´s in den Sinn. Er hatte mit seiner Gipsy bei der Heilandskirche geankert, war durch die Glienicker Brücke gesegelt, bei der früher noch ein Teil zwischen den Mittelpfeilern aufgeklappt werden konnte. Er fuhr am Original der Miniaturfregatte vorbei, die damals nahe der Brücke ankerte. Danach machte die Crew der Gipsy ebenfalls in Potsdam fest und legte für mehrere Tage eine Rast ein, um die Stadt und deren Umgebung ausgiebig zu besichtigen.

Bei unserer Fahrt über den Tiefen See entdeckten wir am Ufer einen spaßigen Wegweiser, der in einer Richtung die Nordsee und in der anderen die Ostsee auswies. Falsch war dies freilich nicht, denn auf der Havel flussabwärts und die Elbe würden wir die Nordsee erreichen, während wir auf dem Oder-Havel-Kanal und auf der Oder bis in die Ostsee fahren könnten.

So viel Zeit wie Doughty hatten wir für die Stadt nicht, dennoch wollten wir hier ausgewählte Sehenswürdigkeiten zu Fuß erkunden und dem Motor einen Tag Ruhe gönnen. Unsere Suche nach einem Liegeplatz begannen wir bei der Marina am Tiefen See auf der Potsdamer Seite. Hier war allerdings alles belegt. Sehr originell war der »ALDI-Steg« gleich nebenan. Das ist wohl der einzige Supermarkt in Deutschland, der über einen eigenen Bootsanleger verfügt, was nicht nur einzigartig, sondern vor allem praktisch ist. Da wir nichts einkaufen wollten, richteten wir uns nach dem Schild »nur für ALDI-Kunden« und fuhren quer über den See zum Potsdamer Seesportclub direkt am Schlosspark von Babelsberg. Hier gab es freie Plätze, sogar auf der Landseite des Betonsteges, wodurch wir vor dem leichten Wellengang auf dem See geschützt waren. Uns wurde ein freundlicher Empfang zuteil, Strom und Wasser am Anleger, WC und Duschen an Land und noch dazu eine günstige Liegegebühr, also alles, was man sich als Hausbootfahrer wünschen konnte. Je weiter wir uns vom Herkunftshafen »Plau am See« entfernten, der groß am Heck des Bootes prangte, bezogen sich die ersten Gespräche zunehmend auf den bisherigen Reiseweg. Es ist nicht ungewöhnlich aber doch seltener, ein Charterboot aus dem Mecklenburger Revier hier anzutreffen.

Nachdem wir das Boot sicher festgemacht hatten, konnten wir in Ruhe rundum blicken. Vor uns lag der Tiefe See mit seinem blauen Wasser, dahinter war die neu gestaltete Schiffbauergasse mit dem Hans Otto Theater und die restaurierte Zichorienmühle sowie das Theaterschiff am Ufer zu sehen. Am anderen Ende des Sees blickten wir auf Teile der Glienicker Brücke. Zum Gelände des Seesportclubs gehörte eine große Wiese mit einzelnen, gewaltigen Platanen, gleich daneben befand sich ein Strandbad und ein Stück weiter ragte der Flatowturm über die Bäume des Babelsberger Parks. Wir waren also mitten drin in der Potsdamer Kulturlandschaft.

Es erübrigt sich festzustellen, dass auch an diesem Tag Hochsommer herrschte und wir das kühlende Bad von Bord aus im See genossen. Danach rüsteten wir uns für den Weg in die Stadt, einem Abendessen entgegen, da das Mittagessen wie schon häufig eine Sparvariante während der Fahrt war. Wir ließen uns vom Terrassenplatz des italienischen Restaurants an der Schiffbauergasse direkt neben dem Theater verführen. Im Anschluss sollte es nur eine kleine Runde durch die Stadt werden, letztlich wurde es ein langer Weg von einer interessanten Ecke zur nächsten. Meine Frau hatte ihre »Laufschuhe« an. Diesmal bemerkte ich: »Urlaub mit dir ist anstrengend«.

Am folgenden Morgen signalisierte uns das Gefühl in den Beinen, dass wir am Vorabend die ganze Stadt abgelaufen sein mussten und folglich alles gesehen hätten. Andere Städte kann man vielleicht an einem Abend erkunden, aber nicht Potsdam. Viele Tage ließen sich mit Unternehmungen füllen, was unsere Reiseplanung leider nicht zuließ und uns zur Auswahl zwang. Welche Prioritäten man dabei setzt, wird durch persönliche Interessen bestimmt. Da möchte ich Sie an die Reiseführer und Stadtbeschreibungen verweisen. Wir besuchten das holländische Viertel, die Nikolaikirche einschließlich der Kuppelbesteigung, wir aßen in der Kantine des Landtages, sahen uns das Museum Barbarini an und spazierten hinter dem Museumsbau an der Alten Fahrt sowie über die Freundschaftsinsel.

Die kulturellen Gegensätze im Zentrum Potsdams am Alten Markt konnten wohl nicht größer sein und wir wurden unbewusst zu Zeugen des Wandels. Auf der einen Seite der historischen Nikolaikirche standen noch die Reste der ehemaligen Fachhochschule aus den 1970er Jahren. Der Abriss der monumentalen DDR-Architektur war umstritten. Sollte sie als Baudenkmal erhalten bleiben oder sollte man einem harmonischen Stadtbild den Vorzug geben? Subjektiv fiel die Entscheidung leicht, als wir uns zur anderen Seite wandten. Das neu erbaute Stadtschloss mit historischer Fassade und modernem Innenleben bietet eine Mischung aus beidem. Wir blickten hin und her. Auch wenn die ehemalige Fachhochschule entkernt bereits wesentliche Elemente ihrer ursprünglichen Architektur verloren hatte, im Vergleich mit den weiteren Gebäuden passte sie keinesfalls in das Ensemble. Denkmalschutz hat aber andere Kriterien der Entscheidung, um verschiedene Epochen und Stile für die Nachwelt zu erhalten. Außerdem liegt Schönheit im Ermessen des Betrachters.

Genau dieses Abwägen wird im neuen Museum Barbarini geradezu herausgefordert. Hinter historischer Fassade wird Kunst modern präsentiert und Kunst ist um ein Vielfaches mehr Geschmackssache. Die gerade laufende Ausstellung »Congo Tales. Geschichten aus Mbomo« hatte mich persönlich sehr berührt. In anderen Bereichen des Hauses empfand ich einzelne, in Büchern und Katalogen studierende, diskutierende und extravagant gekleidete Besucher als eigene Kunstobjekte, die den eigentlichen Kunstwerken durchaus Konkurrenz machten. Ein polarisierendes und auf jeden Fall intensives Erlebnis mit Nachwirkung.

So wurde der Alte Markt für uns fast zur philosophischen Plattform. Vielleicht erhält sich ja auch im zukünftigen neuen Stadtbild bei den Besuchern der Moment des Innehaltens und Nachdenkens über die Zeitepochen, die dieser Stadtteil schon erlebt hat.

Auf dem Rückweg hatten wir von der Bücke über die Havel nochmals einen Blick auf den Fluss und die Stadt. Der Wohnturm der Heilig Geist Residenz am Havelufer überragte mit seiner stählernen Spitze die Häuser der Umgebung. Im Hintergrund war die Kuppel der Nikolaikirche zu sehen. Auf der Havel unterhalb der Brücke fiel uns ein großes Salonschiff in leuchtend gelber Farbe besonders auf, das hier am Anleger lag.

Einen Nachmittagskaffee mit frischem Kuchen genossen wir auf dem Boot am Steg. Dazu ein erfrischendes Bad im See und eine Ruhepause zum Relaxen. Mit neuen Kräften starteten wir zu einem Spaziergang im angrenzenden Park Babelsberg. Zunächst auf dem Weg am Tiefen See entlang, vorbei am Strandbad, dem Kleinen Schloss mit Gastwirtschaft bis zum ehemaligen Dampfmaschinenhaus in „Castle-Architektur". Danach ein kurzer Aufstieg bis zum Schloss, dessen äußere Restaurierung erst 2016 abgeschlossen wurde. Weiter ging es über die Höhe des Babelsberges bis zur Gerichtslaube. Deren Ursprünge gehen auf das 13. Jahrhundert zurück. Damals war der quadratische Pavillon aus Backsteinen ein Teil des Berliner Rathauses und eine Stätte des Gerichts. Mit dem Neubau des Rathauses wurde sie 1871 abgetragen und zur Zierde in Anlehnung an den Originalbau im Park wieder aufgebaut. Ein Stück weiter gelangten wir zum Flatowturm, der einem mittelalterlichen Turm in Frankfurt am Main nachempfunden ist. Er diente als Gästehaus und Aufbewahrungsort für Sammelstücke des Kaisers. Von der Erhöhung des Babelsberges hatten wir wunderschöne Ausblicke über den Tiefen See nach Potsdam und in nordöstlicher Richtung auf die Glienicker Brücke und den Jungfernsee. Wir mussten unwillkürlich wieder an die Grenzanlagen denken, die den Jungfernsee in Ost und West teilten und sich durch eine Kulturlandschaft zogen, die einmalig in Europa ist. Auch das Dampfmaschinenhaus unten am See war Teil des Grenzzauns.

Am frühen Abend kehrten wir auf die »Time-out« zurück und empfanden Zufriedenheit, nach so viel Aktivität sitzen zu können. Es war immer noch heiß, die Beine waren schwer und neben einem Essen aus der Bordküche bestand das Abendprogramm aus dem Blick über den See auf die Lichter der Stadt. Wir mussten die zahlreichen Erlebnisse des Tages verarbeiten. Nicht umsonst befanden wir uns inmitten des UNESCO-Weltkulturerbes der Schlösser und Parklandschaften Potsdams. Der Besuch an einem einzelnen Tag ist bestenfalls ein erster Eindruck, der dem baulichen und geschichtlichen Gesamtkunstwerk nicht gerecht werden kann. Aber unser Ansinnen war ja das Hausbootfahren, um die große Runde zu vollenden. Auf dieser Tour lagen noch viele interessante Anlaufpunkte und spannende Herausforderungen vor uns.

Ich weiß nicht mehr, wer die Frage zuerst gestellt hatte. Sie war plötzlich da: »Haben wir bei der Hitze eigentlich genug Wasser in der Elbe«? Einen kurzen Moment war ich unsicher. Soweit voraus hatte ich diesmal nicht geplant. Die prinzipielle Strecke stand durch die geplante Runde fest. Dabei war die Fahrt auf der Elbe eine Tagesetappe, die ich allerdings im Detail nicht genauer betrachtet hatte. Der Fluss hat eine kräftige Strömung, das war mir bewusst und deshalb fuhren wir die Tour entsprechend den Empfehlungen im Uhrzeigersinn, um auf den entscheidenden Abschnitten flussabwärts unterwegs zu sein. Strömungen waren uns nicht unbekannt. Den Shannon in Irland hatten wir mehrfach auch bei hohen Wasserständen befahren. Von Berichten aus Dresden hatte ich schon öfter gehört, dass bei Niedrigwasser die Schifffahrt eingestellt werden musste. Zwischen Havelberg und Dömitz befindet man sich auf dem Mittellauf der Elbe, da sollte es ausreichend Wasser geben. Eine durchaus naive Einstellung eines Hausbootfahrers, der sich gewöhnlich nur auf schleusengeregelten Kanälen mit konstanten Wasserständen bewegt. Der Fahrwassertiefe hatte ich bei der Planung weniger Bedeutung beigemessen, da wir mit einem kleineren Boot mit geringerem Tiefgang unterwegs waren. Daher sah ich die Frage an diesem doch so schönen Abend als zunächst beantwortet an.

Blick über den Tiefen See zum Babelsberg

Schloss Babelsberg

Blick über den Park von Schloss Babelsberg auf die Glienicker Brücke

Die Wasserstadt Werder an der Havel

Am nächsten Morgen konnten wir uns Zeit lassen. Die Überfahrt bis Werder als Tagesziel war mit etwa 14 km recht kurz. Während des Frühstücks hörten wir im Radio, dass genau an diesem Tag das Theaterschiff in Potsdam zur Instandsetzung Richtung Berlin geschleppt werden sollte.

»Das ist doch das Schiff gleich gegenüber am Theater?«, stellten wir gemeinsam fest.

Einige Leute an Bord und auf einem Schlepper daneben waren mit einer gewissen Geschäftigkeit schon zu sehen. Wenig später legte der Verband tatsächlich ab. Mit dem Fernglas konnten wir zahlreiche Fotografen und Passagiere auf dem Deck erkennen. Das Schiff nahm Kurs über den Tiefen See zur Glienicker Brücke.

Nach diesem Spektakel machten wir uns selbst und die »Time-out« reisefertig. Bevor wir jedoch unsere Route auf der Havel flussabwärts fortsetzten, wandten wir uns zunächst in entgegengesetzte Richtung. Vom Jungfernsee wollten wir nochmals auf die Schlösser und Parks rundherum blicken. Eines davon hatten wir am Vortag ausgelassen. Etwas weiter westlich am Jungfernsee liegt Schloss Cecilienhof. Es versteckt sich allerdings recht gut hinter den Bäumen des Neuen Gartens, nur kleine Teile sind vom Wasser aus sichtbar. Die Größe von 176 Zimmern wurde in dem verwinkelten Bau im englischen Landhausstil mit den zahlreichen Innenhöfen geschickt verborgen. An das Haus haben wir noch persönliche Erinnerungen, als wir vor vielen Jahren im dortigen Hotel ein romantisches Wochenende verbrachten. Geschichtlich ist das Gebäude der letzte Schlossbau der Hohenzollern. Das Schloss wurde für das Kronprinzenpaar Wilhelm und Cecilie von 1913 bis 1917 gebaut. Auch dieser Kronprinz blieb mit seinem Namen der Tradition treu, ebenso bei der Wahl seiner Frau, die eine Herzogin aus dem Hause Mecklenburg-Schwerin war. Nach ihr wurde das Schloss benannt. Im Zusammenhang mit den Veränderungen durch den Ersten Weltkrieg entfremdete sich das Kronprinzenpaar. Cecilie lebte noch bis 1945 allein auf Cecilienhof.

Vom Jungfernsee sehr schön zu sehen ist die Meierei am nordwestlichen Ende des Neuen Gartens, in der sich heute eine Gasthausbrauerei befindet. Der weitere Wasserweg in dieser Richtung kürzt den großen südlichen Bogen der Havel ab und hätte uns über den Sacrow-Paretzer-Kanal auf direktem Weg zur Havelstadt Ketzin geführt. Damit wären uns aber auch die Havelseen und vor allem die Inselstadt Werder verborgen geblieben. Deshalb kehrten wir wieder um und nahmen erneut Kurs auf den Tiefen See und Potsdam. Nach dem inzwischen vertrauten Liegeplatz für die letzten zwei Nächte beim Seesportclub passierten wir die Humboldtbrücke. Die Fahrt entlang der Freundschaftsinsel war sehr beschaulich und auf beiden Seiten von dichtem Grün eingerahmt. An einzelnen Stellen konnten wir auf die Rückseite des Museums Barbarini und auf die Kuppel der St. Nikolaikirche blicken. Nach der Langen Brücke kamen wir am Anleger der Weissen Flotte direkt am neuen Lustgarten vorbei. Hier trafen wir wieder auf das gelbe Salonschiff, das uns am Tag zuvor bereits aufgefallen war. Es ist das Flaggschiff der Flotte, die MS Sanssouci, die bis zu 600 Personen aufnehmen kann. Mit 72 m Länge war das Schiff mit den bodentiefen Salonfenstern eine stattliche Erscheinung und reichte vom Liegeplatz mit dem Bug bis unter die Eisenbahnbrücke. Wenig später war in einer Havelbucht ein weiteres historisches Dampfmaschinenhaus im Stil einer Moschee zu sehen. Dieses versorgte ehemals die große Fontäne im Park von Schloss Sanssouci mit Wasser.

Danach wurde der Flussverlauf der Havel deutlich breiter und mündete einige Flusswindungen weiter in den Templiner See. Dieser wird durch einen Bahndamm in annähernd gleich große Seehälften geteilt. Wir konnten gerade noch durch die Brücke fahren, bevor die MS Sanssouci an uns vorbeizog. Sie musste kurz nach unserer Begegnung in Potsdam abgelegt haben. Gegen die fast 700 PS der beiden Motoren hatten wir keine Chance. Am Südende des Sees steuerte das Salonschiff für einen Landgang der Gäste den Anleger von Caputh an.

Neben dem Schloss, das in den 1990er Jahren umfangreich restauriert wurde, lässt sich das Sommerhaus von Albert Einstein besichtigen. Aus Zeitgründen verzichteten wir auf einen Besuch. Der Aufenthalt der Schiffsgäste kann nicht lange gewesen sein, denn vor Werder hatte uns das Schiff erneut eingeholt und überholt. Davor hatten wir noch den Schwielowsee überquert und damit den südlichsten Punkt unserer Reise erreicht. Die Potsdamer Havelseen sind übrigens ein Charterscheinrevier. Für dieses Revier ist kein Sportbootführerschein erforderlich, weil die Berufsschifffahrt über die nördliche Umfahrung des Sacrow-Paretzer-Kanals unterwegs ist.

Unser Tagesziel war die Stadt Werder an der Havel, deren denkmalgeschützte Altstadt auf einer Havelinsel liegt. Der Yachthafen Scheunhornweg war der erste Anleger vor der Insel, den wir auch ansteuerten. Die drei großen Hauptstege mit den beiderseitigen Liegeplätzen machten bereits einen sehr belegten Eindruck. Nach Anruf beim Hafenmeister erhielten wir noch einen Platz in der Nähe des Hafenbüros mit Imbiss, kleinem Ausschank und Terrasse. Die Boxen am Steg waren relativ schmal, aber wir konnten sicher und unbeschadet festmachen. Die Liegeplätze befinden sich hinter einem Wohngebiet, das man vom Wasser aus allerdings nicht wahrnimmt. Lediglich die Sanitärräume sind in einem der Wohnblocks untergebracht. Der Zugang zum Hafen führt durch den Schilfgürtel zu den schönen Holzstegen, die sich weitläufig auf dem Wasser verzweigen und mit Blick auf die Altstadtinsel eine eigene, vom Festland unabhängige Boots- und Hafenromantik aufkommen lassen.

Durch die kurze Tagesetappe war es gerade einmal Mittag, genau richtig für eine Mittagsrast in der Altstadt, die zu Fuß schnell erreicht war. Die Fischerei »Arielle« hatte ein umfangreiches Mittagsangebot in Selbstbedienung. Das Besondere war der Sitzplatz auf der Terrasse direkt über dem Wasser am äußersten Rand der Insel. Hier ließ sich das Mittagsmenü mit einem Cocktail angenehm verlängern. Wir hatten einen Platz ganz vorn an der Wasserseite gefunden und saßen sprichwörtlich »in der ersten Reihe« mit Blick auf die Havel und den Bootsverkehr. Hier dominierte wieder Ruhe und Natur, was nach dem Intensivprogramm in Potsdam sehr erholsam war. Solche besonderen Augenblicke ergeben sich meist unverhofft und dann sollte man sie bewusst genießen und sich die Zeit nehmen.

Die erste Erwähnung Werders als »kleine Stadt« stammt aus dem Jahr 1317. Damals wurde die Stadt für 244 Mark Brandenburgischen Silbers an das Kloster Lehnin verkauft. Die Herrschaftszeit des Soldatenkönigs Friedrich Wilhelm I. hinterließ in Werder eine neue Brücke zur Insel sowie gepflasterte Straßen, weil er hier bei einem Besuch mit der Kutsche im Schlamm stecken blieb. Im 18. Jahrhundert wandelten sich die Einnahmequellen der Stadt vom Weinbau, in dessen Blütezeit es 240 Weinberge in der Umgebung gab, zum Obstanbau. Gleichzeitig war der Ort für seine Ziegeleien und Brauereien bekannt. Seit 1879 ist das Baumblütenfest im Frühjahr eine Attraktion mit heute tausenden Besuchern. Das Fest hat sich über alle Gesellschaftsepochen im Land erhalten.

Bei unserem Spaziergang durch die Straßen der Altstadt hatten wir den Eindruck, dass die Gastronomie überwiegend in italienischer Hand lag. Dadurch gab es ein reichhaltiges Eisangebot.

Die Silhouette der Altstadt wird von der Heilig Geist Kirche und einer Bockwindmühle auf dem Mühlberg geprägt. Der Mühlenstandort ist schon viele hundert Jahre alt, die heutige Mühle stammt allerdings aus einem anderen Ort und wurde hier wieder originalgetreu aufgebaut und betriebsfähig gemacht. Das Besondere einer Bockwindmühle ist, dass sich die gesamte Mühle mithilfe eines Auslegers drehen lässt. Wir hatten Glück, dienstags und am Wochenende sind jeweils in den Nachmittagsstunden Besichtigungen möglich. Es war gerade Dienstag und wir konnten den komplizierten Mechanismus genau in Augenschein nehmen.

Am Nachmittag fiel erstmals auf der Reise ein leichter Regen, der schnell vorbei war, sodass wir unseren Spaziergang zu den Geschäften im Stadtteil auf dem Festland fortsetzen konnten.

Der Abend wurde vom Fußball bestimmt, schließlich lief noch die Weltmeisterschaft. Dem bordeigenen Fernseher ließ sich allerdings kein Bild entlocken, was uns nicht sehr verwunderte. Mit dem Fernsehempfang auf dem Wasser haben wir meist schlechte Erfahrungen gemacht, egal ob das Boot über eine SAT-Anlage mit automatischer Antennenausrichtung oder DVB-T verfügte. Manchmal liegen die Probleme in der Konfiguration der Geräte, weil vielleicht der Vormieter die Parameter verstellt hat, meistens jedoch am eingeschränkten Empfang auf dem Wasser. Das Vorhandensein der Technik löst häufig mehr Frust als Freude aus. Es werden Erwartungen geweckt, die dann nicht in Erfüllung gehen. Wenn das Bild mitten im Film dunkel wird, weil sich das Boot ein wenig gedreht hat, bietet dies Potenzial für schlechte Laune an Bord. Dank WLAN im Hafen hatten wir die Möglichkeit, das Fußballprogramm auf das mitgebrachte Tablet zu übertragen und waren damit zufrieden.

Bockwindmühle in Werder an der Havel

Yachthafen Scheunhornweg in Werder an der Havel

Blick auf die Altstadtinsel von Werder

Brandenburg an der Havel

Für den Weg von Werder nach Brandenburg lagen am nächsten Tag etwa 40 km und eine Schleuse vor uns. Bei unserer Umfahrung der Altstadtinsel präsentierte sich Werder von der Wasserseite als grünes Idyll. An der Terrasse vom Fischrestaurant Arielle hatte ein großes Schiff festgemacht. Zum Glück erst heute, denn am Vortag hätte es uns beim Mittagessen die Sicht auf das Wasser verdeckt. Der Abschnitt bis Brandenburg verlief sehr abwechslungsreich über Seen und schmalere Flussbereiche. Da es auf dieser Strecke keine Schleusen gibt, kamen wir gut vorwärts und waren ohne Zwischenstopp zur Mittagszeit vor der Stadt.

Dank unseres kleinen Bootes konnten wir uns darauf einlassen, vor der Stadt den Hauptarm der Havel zu verlassen und das Stadtzentrum über den Brandenburger Stadtkanal zu erreichen. Bis zum Mühlentorturm war der Kanal breit angelegt, dann wurde er deutlich schmaler und führte an schönen Bürgerhäusern vorbei. Vor der Mündung in die Brandenburger Niederhavel befindet sich die Steintorbrücke, die größeren Booten die Durchfahrt versperrt. Ein Hinweisschild an der Einfahrt in den Stadtkanal gibt eine Durchfahrtshöhe von 2,75 m an, was für uns gerade ausreichend war. Da die Rundbogenbrücke an den Seiten viel niedriger ist, schien es optisch fast unmöglich, hindurch zu passen. Vom Anblick sollte man sich nicht täuschen lassen, das hatten wir schon gelernt. Tatsächlich war es eine knappe Angelegenheit, aber mit Vorsicht und ganz langsam kamen wir unbeschadet auf der anderen Seite wieder heraus. Gleich hinter der Bücke passierten wir die Stadtschleuse und gelangten zur Niederhavel, auf der wir uns nördlich Richtung Jahrtausendbrücke wandten, um nahe dem Zentrum einen Liegeplatz zu finden. Den gewichtigen Namen erhielt die Brücke bereits 1929 anlässlich der 1000-Jahrfeier der Stadt.

Der erste Anleger war der Wasserwanderrastplatz am Slawendorf. Es schien auch so, als wären noch Plätze frei. In der Meinung, genug Auswahl zu haben, fuhren wir zunächst weiter. Danach gab es Möglichkeiten, vor der Brücke direkt am Bollwerk festzumachen. Daran versuchte sich gerade ein Bungalowboot. Große eingerammte Uferbefestigungen unterhalb der Kaimauer bildeten tiefe Einbuchtungen. Der Skipper hatte damit seine Probleme, geriet zu dicht an die Wand und rammte vorn gegen den nächsten Vorsprung. Zum Glück war die Bootskonstruktionen ausreichend robust und es schien kein Schaden entstanden zu sein. Dennoch wollten wir hier auch nicht festmachen, weil man außerdem unmittelbarer Blickfang für die Besucher auf der breiten Promenade war. Hinter der Brücke gab es links einen Anleger und einen weiteren rechts an der ehemaligen Werft. Insgesamt befanden wir den Platz am Slawendorf als schönsten. Wir wendeten und fuhren zurück. Bei der genaueren Betrachtung der freien Liegeplätze stellte sich allerdings heraus, dass diese mit kleinen Schildern reserviert waren, die wir beim ersten Vorbeifahren übersehen hatten. Wahrscheinlich war anderen bereits bekannt, dass man für die besten Plätze vorher reservieren sollte. Also wendeten wir erneut und steuerten nochmals auf die Brücke zu. Es war zwar sehr hübsch, hier im belebten Zentrum zu pendeln, aber der Anblick des regen Sportbootverkehrs in beide Richtungen versetzte uns langsam in Unruhe, dass wir womöglich doch am Bollwerk festmachen müssten. Letztlich konnten wir an der alten Werft zwischen großzügig gesetzten Dalben gleich neben dem historischen Hafen anlegen. Damit fand die Tagesstrecke ein glückliches Ende, die gute Laune war gerettet. Außerdem waren wir um die Erfahrung reicher, immer genau hinzuschauen und schneller mit etwas zufrieden zu sein.

Der Nachmittag stand für den Stadtbesuch zur Verfügung. Wir hatten Brandenburg bereits zur Bundesgartenschau 2015 besucht, deshalb ließen wir es ruhig angehen, was bei der erneuten Hitze ohnehin notwendig war. Beim Restaurant »Schweineschnäuzchen« bekamen wir nicht nur gutes Essen, sondern konnten auch in einem schönen Biergarten vor einer riesigen Wand voller Weinreben sitzen. An ausreichend Sehenswürdigkeiten mangelt es Brandenburg nicht und Sie können sich eine Tour nach Ihren Interessen zusammenstellen.

Sicher sollten dazu die Dominsel und ein Spaziergang zum Marienberg mit der Friedenswarte gehören. Der reichlich 30 m hohe Rundturm bietet eine Sicht über die ganze Stadt und das Umland.

Selbst wer nicht danach sucht, wird nicht lange brauchen, einen der »Waldmöpse« zu entdecken, die seit 2015 die Stadt bevölkern und sich stetig vermehren. Sie wurden im Andenken an den gebürtigen Brandenburger Vicco von Bülow alias Loriot als kleine Bronzefiguren erschaffen. In einem Sketch aus dem Jahr 1972 hatte der Komiker die Züchtung eines »Waldmops« aus einem Elch beschrieben. Seitdem ist »ein Leben ohne Mops möglich, aber sinnlos«. Der ursprüngliche Marketing-Gag mit den Figuren hat sich als sehr wirksam erwiesen, inzwischen werden bereits »Waldmops-Führungen« angeboten. Über 20 bronzene Tiere sind es schon und auch wir konnten auf unserem Rundgang ein paar neue Varianten fotografisch einfangen.

Am Abend saßen wir bei einer Flasche Wein an Bord. Mit offenem Verdeck hatten wir einen freien Blick auf die Jahrtausendbrücke, den Bootsverkehr auf der Havel, wo immer noch einige unterwegs waren und auf die Besucher, die beiderseits des Wassers am Ufer flanierten. Ein schöner Ausklang eines erlebnisreichen Tages. Die Fahrt war ohne bedenkliche Manöver verlaufen, die Stadt war abwechslungsreich und wir genossen das entspannte Hausbootleben an diesem traumhaften Sommerabend, an dem wir am liebsten überhaupt nicht zu Bett gehen wollten.

In der Nacht wachte ich auf, weil mir Wasser ins Gesicht tropfte. Aus dem Tiefschlaf gerissen, musste ich mich zunächst orientieren. Boot und Wasser passt zusammen, aber Wasser im Schiff ist kein gutes Zeichen. Ich war sofort munter. Draußen schüttete es sintflutartig. Ich weckte meine Frau: »Wir haben Wasser im Boot«. Auch sie war gleich hellwach. Zum Glück blieb uns der Klassiker erspart, beim schnellen Aufstehen den Kopf an der niedrigen Decke anzustoßen. Die Nässe kam von einem kleinen Board über unseren Betten. Nach der Dauerhitze der letzten Tage und Wochen hatten wir uns nicht mehr um die eingesetzten Gazefenster gekümmert. Auf einer Bootsseite spritzte der Regen so stark dagegen, dass er durch die Gaze drang. Es hatte sich ein Rinnsal entlang der Ablage gebildet. Dort staute sich das Wasser an und lief über den Rand auf das Bett. Wir tauschten schnell die Fenster gegen eine dichte Verglasung. Damit war die Ursache beseitigt. Die verbliebene Nässe saugten wir mit einigen Handtüchern auf. Schaden hatten nur ein Reiseprospekt und die Taschentücher genommen. Die Uhr zeigte fünf Uhr morgens. Nach dieser kleinen Aufregung war das Trommeln des Regens auf das Kajütdach jetzt wohltuend und wiegte uns wieder in einen angenehmen Schlaf. Dabei kam mir noch der Gedanke, dass ein so intensiver Regenguss sicher für genug Wasser in den Kanälen und vor allem auf der Elbe sorgen würde.

»Schläfriger Waldmops« in Brandenburg

Video 11: Brandenburg an der Havel

Brandenburg an der Havel mit Jahrtausendbrücke

»Aufmerksamer Waldmops« im Humboldthain

Die Optikstadt Rathenow

Zum Frühstück hatte der Regen kaum nachgelassen. Wir hatten kein Bedürfnis, das Boot zu verlassen und konnten uns in Ruhe der Bordliteratur widmen. Eine Stunde später musste ich dann doch kurz raus. Eine Mitarbeiterin kam zum Kassieren der Liegegebühr vorbei. Gegen Mittag ließ der Regen etwas nach. In der Zwischenzeit hatten wir den Innenraum erneut gesaugt, obwohl die letzte Reinigung nur wenige Tage zurücklag. Die »Time-out« war überhaupt das erste Boot, mit einem Staubsauger an Bord. Bei kürzeren Touren braucht man dieses Utensil eigentlich nicht, weil die Endreinigung durch den Vermieter häufig eine Pflicht-Option beim Buchen ist. Eine besenreine Übergabe ist dann ausreichend. Als es etwas weniger regnete, ging ich auch außen mit dem Wischmopp über die »Planken«. Wir legten zur Mittagszeit mit einem sauberen Boot wie am ersten Tag der Reise ab. Tagesziel war Rathenow, fast 50 km die Havel abwärts.

Aufgrund der fortgeschrittenen Tageszeit und der umfangreichen Strecke für den restlichen Tag hatten wir keine weiteren Zwischenstopps eingeplant. Es war schön, wieder unterwegs zu sein. Der Motor brummte gleichmäßig, die Reisegeschwindigkeit betrug etwa 11 km/h und der Tiefenmesser zeigt eine sichere Tiefe von reichlich einem Meter unter dem Kiel. Die Wasserkarte lag aufgeschlagen vor mir, obwohl ich nur selten darauf schauen musste. Der Flusslauf war eindeutig. Auch der Fotoapparat befand sich in Griffnähe. Auf diese oder ähnliche Weise richtet sich jeder seinen »Arbeitsplatz« am Steuerrad ein. Meistens steuere ich, meine Frau übernimmt, wenn ich mit Fotografieren beschäftigt bin. Vielleicht ist es bei Ihnen umgekehrt.

Wir fuhren auf der Brandenburger Niederhavel bis zur Seengruppe von Breitling- und Plauer See. Dieser See ist nicht mit seinem Namensbruder bei Plau am See zu verwechseln, unserem Ausgangshafen an der Müritz-Elde-Wasserstraße. Da die Berufsschifffahrt auf dem Silowkanal nördlich der Stadt unterwegs ist, kann die Niederhavel durch die Freizeitschifffahrt genutzt werden. Die Frachter nehmen den Wasserweg auf dem Elbe-Havel-Kanal bis zur Elbe und vor allem über das Wasserstraßenkreuz Magdeburg zum Mittellandkanal, der den Weg nach Westen ermöglicht. Für den Sportboottourismus ergibt sich dadurch vom Beetzsee über Brandenburg bis Havelberg ein weiteres Sportbootrevier, das mit Charterschein befahren werden kann.

Von der Seengruppe aus folgten wir dem Havellauf in nördlicher Richtung. Auf den reichlich 10 km bis Pritzerbe hatte die Havel zahlreiche seenartige Verbreiterungen, danach mäanderte sie mehr flussartig durch die Landschaft. Die Schleuse Bahnitz verursachte eine halbe Stunde Verzögerung. Die folgende Kleinstadt Premnitz war einer der Orte für die Bundesgartenschau 2015. Die Stadt hat inzwischen das ehemals triste Image des Chemiestandortes hinter sich gelassen. Markant ist das Pumpwerk direkt am Havelufer. Seit der Bundesgartenschau gelangen Sie per Treppe oder Fahrstuhl auf das Dach, von dem Sie einen schönen Rundumblick haben. Die vier Seiten des quaderförmigen Gebäudes sind mit fassadengroßen Bildern bemalt, was den ganzen Bau wie ein Kunstobjekt erscheinen lässt. Ebenso auffallend ist die sechs Meter hohe Edelstahl-Skulptur »Galiarde« an der Uferpromenade, die einen stakenden Fischer in einem angedeuteten Kahn darstellen soll. Leichter zu deuten ist der dicke Fischer in seinem Boot gleich daneben. Beides erinnert an die Historie des ehemaligen Fischerdorfes und gehört zum Skulpturenpfad, der sich durch den Ort zieht und von dessen Geschichte erzählt. Die alte Steinbogenbrücke der früheren Eisenbahnstrecke hat sich inzwischen zum Wahrzeichen entwickelt. Ihr fehlt eine Seite des Bahndamms, wodurch sie etwas verloren in der Landschaft steht und heute als Fußgängerbrücke dient. Ansonsten wird die Kleinstadt von zahlreichen Neubauten bestimmt. Wir hatten den Ort 2015 besucht und beließen es diesmal dabei, langsam vorbeizufahren.

Hinter Premnitz hat die Havel mehrere Nebenarme, die aber alle nicht befahrbar sind. Einen Großteil der einstigen Flussschleifen hat man inzwischen begradigt, dennoch vollzieht der Fluss etliche Biegungen. Vor Rathenow verließen wir den Hauptarm, der durch die große Schleuse mit 220 m Länge direkt in Richtung Havelberg führt.

Wir bogen in die Rathenower Havel ein und machten am alten Hafen vor der Stadtschleuse fest. Ein Schwimmsteg unterhalb der recht hohen Kaimauer bot einigen Schiffen Platz. Wir waren aber das einzige Boot.

Die Stadt hat die Verwaltung des Hafens dem Restaurant »Zum Alten Hafen« auferlegt, was nicht die Haupttätigkeit des Personals war. Deshalb mussten wir ein wenig warten, bis jemand die Formalitäten für die Bootsanmeldung übernahm. Dann war man uns gegenüber sehr freundlich eingestellt.

Die große neu gestaltete Hafenpromenade machte einen einladenden Eindruck. Von den Bänken am Hafenkai konnte man das Geschehen auf dem Wasser verfolgen. Ein Karree sorgfältig geschnittener junger Lindenbäume bot etwas Schatten, allerdings gab es hier keine Sitzgelegenheit, das hätte bei dem Sommerwetter vielleicht manchen Besucher erfreut. Renovierte Häuser säumten die Promenade. Das gegenüberliegende Ufer war dicht begrünt, im Hintergrund erhob sich die St.-Marien-Andreas-Kirche. Der schöne Platz in der Abendsonne verführte uns dazu, den Anblick vom Biergarten des Restaurants noch eine Weile zu genießen und hier das Abendbrot einzunehmen. Die ausgewählten Burger erwiesen sich als sehr empfehlenswert. Es ergab sich wieder einer der spontanen Momente dieser Reise, bei denen man das Gefühl hatte, mit Körper und Seele angekommen zu sein.

Beim Hafen gelangten wir über eine Fußgängerbrücke zur Altstadtinsel, die allseits von Havelwasser umgeben ist. Am Kirchplatz stehen die ältesten Häuser der Stadt. Sie stammen aus dem 16. Jahrhundert. Leider ist von dem historischen Stadtbild der alten Optikstadt nicht mehr viel erhalten. Die Bombardierungen am Ende des 2. Weltkrieges zerstörten fast die gesamte Stadt. Durch Johann Heinrich August Dunker wurde 1801 die optische Industrie in Rathenow begründet, die von hier wesentlichen Einfluss auf Deutschland und die Welt nahm.

Das heutige Stadtbild und die Parkanlagen verdanken ihre Gestaltung vor allem der Landesgartenschau 2006 und der Bundesgartenschau 2015. Um die Stadt erstmals zu erkunden, sollte man nicht erst so wie wir am Abend ankommen oder sich zumindest am nächsten Tag noch

Zeit nehmen. Der Optikpark verdient einen längeren Besuch und ist auch für Kinder interessant und abwechslungsreich gestaltet. Direkt am Eingang des Parks gibt es einen kleinen Bootsanleger an einem gewaltigen ehemaligen Getreidespeicher. Dieser Anleger liegt allerdings havelabwärts hinter den Schleusen an der alten Rathenower Havel.

Auf unserem abendlichen Rundgang gelangten wir vom Optikpark über eine geschwungene und 300 m lange Fußgängerbrücke zum Weinberg am gegenüberliegenden Havelufer. Die Brücke entstand in Vorbereitung zur Bundesgartenschau. Auf dem Weinberg führt eine weitere Parkanlage bis zum Bismarckturm, dessen Namensgeber in Rathenow seine politische Karriere begann. Das 32 m hohe Monument bietet eine Aussichtsplattform, von der man einen guten Blick über die Stadt hat. Das Traditionszimmer im Turm kann für Eheschließungen genutzt werden. Aufgrund der fortgeschrittenen Stunde hatte der Bismarckturm bereits geschlossen. Dafür fanden wir einen Moment der Ruhe und persönlichen Besinnung auf dem alten Friedhof, der sich ebenfalls auf dem Weinberg befindet. Hier schien die Zeit einen anderen Lauf zu nehmen. Die Wege unter den Bäumen mit großen und schönen Gräbern erschienen uns in der abendlichen Stimmung wie verwunschen. Es war eine ganz eigene Atmosphäre. Fast unweigerlich mahnte uns die Ruhe der Toten, den Augenblick zu erleben, das Leben zu schätzen und den persönlichen Frieden zu finden. In der Erinnerung war der Spaziergang über den Friedhof ein besonderes Erlebnis mit nachhaltiger Wirkung. Zwischen den Bäumen fanden wir eher zufällig die Auferstehungskirche, die in ihrer dezenten Form das demütige und ehrfurchtsvolle Gefühl verstärkte. Vor dem Zweiten Weltkrieg gehörte der Friedhof zu den schönsten in ganz Deutschland, wurde dann im Krieg stark beschädigt und danach lange vernachlässigt. Heute hat das Gelände einen Teil der früheren Schönheit wiedererlangt. Der Turm der Auferstehungskirche erhielt erst 2015 seine Spitze zurück. Wenn Sie einmal hier sind, nehmen Sie sich eine Stunde Zeit, es lohnt sich. Vielleicht finden Sie ja auch eine persönliche Erfahrung.

Auf dem Rückweg zum Hafen gingen wir an der Stadtschleuse vorbei, die sich unmittelbar an die Hafenpromenade anschließt und mit dem Platz davor eine sehenswerte Einheit bildet. Direkt neben der Schleuse steht das restaurierte Schleusenwärterhäuschen im neugotischen Stil von 1884. Hätte man nicht die räumliche Verbindung zur Schleuse, käme wahrscheinlich niemand auf die Idee, dieses Kleinod für ein Diensthaus zu halten.

1733 wurde Rathenow zur Garnisonsstadt. Man erbaute die Neustadt und nutzte den Schleusenvorplatz als Paradeplatz. Die Bürgerhäuser im Rund zeugen noch davon. In dieser Zeit entstand auch ein Denkmal auf dem weiträumigen Platz, das an den Großen Kurfürsten und dessen Sieg über die Schweden in der Schlacht bei Fehrbellin erinnert. Es gilt heute als bedeutendstes barockes Sandsteindenkmal Norddeutschlands.

In der Dämmerung waren wir wieder an der Hafenpromenade und staunten darüber, was wir innerhalb weniger Stunden alles entdecken konnten. An der Kaimauer kamen wir noch an den »Schleusenspuckern« vorbei. Die Bronzeskulptur steht seit der Landesgartenschau hier. Sie stellt drei Tagelöhner mit Hund dar, die hier früher auf Arbeit zum Be- und Entladen der Lastkähne warteten und die Zeit mit Spucken und einem Schluck aus der Flasche überbrückten. Eine der Figuren »spukt« tatsächlich in Abständen etwas Wasser in den Stadtkanal.

Am Anleger waren wir weiterhin die einzigen Bootsgäste. Die letzten Gäste vom Restaurant »Zum Alten Hafen« schlenderten noch an der Promenade entlang. Ein Stück in Richtung Schleuse gab es eine Absauganlage zum Auspumpen unseres Abwassertanks. Deren Nutzung hatten wir uns für den nächsten Morgen vorgemerkt, bevor wir pünktlich zur ersten Schleusung fahrbereit sein wollten. Wir hatten die letzte Tagestour vor der Fahrt auf der Elbe vor uns.

Anleger vor der Stadtschleuse Rathenow

Bismarckturm auf dem Weinberg

Video 12: Von Brandenburg nach Rathenow

Hafenpromenade vor der Stadtschleuse Rathenow mit den »Schleusenspuckern«

Schleusenwärterhaus an der Stadtschleuse Rathenow

Auf dem Weg nach Havelberg

Statt des Regens in Brandenburg weckte uns am folgenden Morgen die Sonne in der kleinen Achterkabine und bescherte uns ein Frühstück bei offenem Verdeck. Dann brachten wir das Boot für die Abwasserentsorgung in Position. Die Pumpe funktionierte problemlos, sobald wir sie mit einer fünfzig Cent Münze gefüttert hatten. Nach vier Durchläufen waren wir optisch und akustisch der Überzeugung, dass der Tank leer sei. Es ist immer gut, wenn man eine Börse mit Hartgeld in unterschiedlichen Münzen dabei hat.

Die nächsten zwei Euro spendierten wir dem Schleusenwärter, der uns freundlich begrüßte und beim Anlegen behilflich war. Die kleine Spende schien auch hier die Gesprächigkeit zu beflügeln. Dabei schimpfte er gehörig auf die Hausbootfahrer, die bedenkenlos ohne Bootsführerschein tonnenschwere Charterboote eher schlecht als recht durch seine Schleuse befördern würden. Am schlimmsten wären die Männercrews, wo es jedes Crewmitglied besser als der Nebenmann wüsste und wo man mehr an das Bier oder den Schleusenschnaps dachte, als an die Sicherheit an Bord. Besonders kritisch sei es, wenn dann noch einer mit weißer Kapitänsmütze darunter wäre. Ich war innerlich froh, dass ich nur ein Basecap auf dem Kopf hatte. Nach seiner Meinung würde er das alles verbieten. Irgendwie schien er uns nicht zu dieser Gruppe der Bootstouristen zu zählen, was uns ein wenig stolz machte. In der Bewertung der Crews hielt ich mich zurück, denn der Aussage konnte ich nicht pauschal zustimmen. Über das Verhalten und die Unkenntnis bei anderen Besatzungen oder wegen eigener Missgeschicke schüttelt man durchaus manchmal den Kopf, bewusster Leichtsinn ist uns allerdings nur sehr selten begegnet. Aber es gibt sicher unzählige Erlebnisse, wenn man den ganzen Tag die Schleuse bedienen muss und die Bootscrews beim Schleusenvorgang kluge Ratschläge erteilen oder Probleme beim Anlegen endlos auswerten. Nach der Schleusung verabschiedeten wir uns und setzten den Weg zunächst auf dem Stadtkanal, dann auf der Rathenower Havel und schließlich auf der Haupthavel fort.

Einige Kilometer weiter nördlich kann man über die Hohennauener Wasserstraße bis in den gleichnamigen See gelangen, der sich 10 km lang bis Ferchesar erstreckt. Mehrere Anleger machen den See zu einem eigenen kleinen Hausbootrevier. Den ganzen See wollten wir nicht befahren, aber wenigstens den Anfang erkunden. Deshalb bogen wir in den Kanal ein, der einen schmalen und schnurgeraden Weg durch das Schilf freigab. Wenige Minuten später war ich mir nicht mehr sicher, ob das eine so gute Idee war. Die Sonne brannte kräftig von oben, und der Zufahrtskanal schien kein Ende zu nehmen. Der See blieb durch ein kleines Waldstück am Ufer bis zuletzt verborgen. Erst nach einer Straßenbrücke war der Blick auf den See freigegeben. Wenn man mit ausreichend Zeit auf der Unteren Havel unterwegs ist, lohnt sich die Erkundung ganz bestimmt. Wir waren etwas ungeduldig, und fuhren nur einige hundert Meter auf den See hinaus, bevor wir wieder wendeten. Kaum hatten wir das Wendemanöver vollzogen, legte ein Bungalowboot vom Anleger am Fischrestaurant Strandgut unweit der Kanalmündung ab. Ich ahnte den Kurs des Bootes, gab voll Speed und war doch zu langsam. Der kleine schwimmende Bungalow bog zuerst in den Kanal ein. Der Skipper war wohl damit noch nicht lange unterwegs, denn er fuhr einen eigentümlichen Zickzackkurs bei geschätzten zwei bis drei Kilometern pro Stunde. Die Sonne brannte kräftig, und der Kanal schien jetzt erst recht kein Ende zu nehmen. Auf dem geraden Stück war es mir dann doch zu wenig Geschwindigkeit. Die vorgeschriebenen Geschwindigkeitsbegrenzungen sollte man einhalten, aber ausschöpfen kann man sie wenigstens annähernd. Bei einer günstigen Gelegenheit überholte ich. Wahrscheinlich war der Skipper ganz froh, niemanden mehr ungeduldig hinter sich zu haben.

Wegweiser zum Hohenauener Kanal

Video 13: Hohenauener Kanal und See

In Grütz an der Havel legten wir einen kurzen Tankstopp ein. Die Schleuse Grütz hielt uns fast eine volle Stunde auf, in Garz konnten wir dafür bei unserer Ankunft gleich einfahren. Beide Schleusen sind 200 m lang. Sie haben nur einen geringen Hub aber schräge Schleusenwände, sodass wir das Boot auf Abstand zur Wand halten mussten, um nicht womöglich anzustoßen. Die Fender schützen in diesen Fällen nur bedingt.

Die Havel fließt von Rathenow bis Havelberg gemächlich durch die Havelauen und wechselt dabei immer wieder zwischen den Bundesländern Sachsen Anhalt und Brandenburg. Am Nachmittag hatten wir nach 45 km die Hansestadt erreicht, am Yachthafen festgemacht und ein Bad genommen. Der Hafen liegt am Ende eines Havelarms mit Blick auf die Uferpromenade und die Altstadtinsel.

Schon bei der Anfahrt war das Wahrzeichen der Stadt, der Domberg mit der Basilika St. Marien aus der Ferne zu sehen. Die Gründung des Bistums Havelberg geht auf Kaiser Otto I. und das Jahr 948 zurück. Seit 1358 gehört die Stadt zur Hanse. Den offiziellen Namen Hansestadt Havelberg erhielt der Ort aber erst 2008. Die Erklimmung der Anhöhe und die Besichtigung des Doms gehören zum Standardprogramm eines Stadtbesuches. Auf dem Domberg können Sie weitere Gebäude, Gärten und Cafés entdecken.

Gleich neben dem Dom trafen wir auf zwei lebensgroße Bronzefiguren. Sie stellen Zar Peter I. von Russland und den preußischen König Friedrich Wilhelm I. dar. Beide Herren haben hier bei einem Treffen 1716 ihr Bündnis gegen die Schweden im Nordischen Krieg bekräftigt. Besonders interessant sind die Geschenke, die sich die Herrscher gegenseitig machten. Der Zar erhielt vom König neben einer Staatsyacht das berühmte Bernsteinzimmer aus dem Berliner Stadtschloss. Zuletzt war das Zimmer ab 1942 im Königsberger Schloss ausgestellt und gilt bekanntlich seit Ende des Zweiten Weltkrieges als verschollen. Als Gegengeschenk stellte der Zar 55 Grenadiere zur Verfügung, die als »Lange Kerls« zur Leibgarde des Königs wurden. Heute sind die bronzenen Herrscher bescheidener. Gegen Einwurf einer Zwei-Euro-Münze geben sie Kunstpostkarten mit drei unterschiedlichen Motiven aus.

Havelberger Dom Sankt Marien

Video 14: Anfahrt nach Havelberg

Die Altstadt liegt wie in Rathenow auf einer Insel in der Havel unterhalb des Domberges. Hier können Sie durch die Gassen mit vielen Fachwerkhäusern spazieren. Vor allem die Stadtkirche St. Laurentius und das Hospital aus dem Jahr 1390, das später als Beguinenhaus genutzt wurde, sind historisch bedeutend. Gegenüber der Altstadt am westlichen Ufer der Havel befindet sich das »Haus der Flüsse«, ein Informationszentrum zum Biosphärenreservat Mittelelbe. Seit der BUGA 2015 werden hier im Gebäude und auf dem Außengelände viele Informationen zu dieser besonderen Flusslandschaft geboten, die auch für Kinder interessant aufbereitet sind.

Berühmt ist der Havelberger Pferdemarkt, der ab 1750 nachweisbar ist, aber möglicherweise deutlich älter ist. Bis zum Ersten Weltkrieg galt er als größter Viehmarkt in Deutschland. Später entwickelte er sich zu einem Volksfest mit Vieh- und Trödelhandel. Zu DDR-Zeiten war er der größte Schwarzmarkt des Landes. Er findet jeweils am ersten Septemberwochenende statt. Die Pferdeverkäufe werden noch immer ganz traditionell per Handschlag besiegelt.

Eigentlich wollte ich mich am Abend etwas mit der Elbefahrt für den nächsten Tag beschäftigen, aber wir blieben länger als geplant im Biergarten beim »Gasthaus zur Domtreppe« an einem Tisch vorn am Wasser sitzen. In der Abendsonne saßen wir hier unterhalb des Domberges mit Blick auf den Havelarm bei guter bürgerlicher Küche mit moderaten Preisen. Gesättigt und mit vielen Eindrücken des Tages gingen wir gut gelaunt zurück zum Hafen.

Auf dem Rückweg zum Anleger wollten wir dem Sanitärgebäude noch einen Besuch abstatten. Der erhaltene Schlüssel für die Tür zum Hafengelände sollte hier passen und tat es am Nachmittag auch. Jetzt passte er nicht mehr, wir waren verwirrt. Die Irritation wurde größer, als sich der Zugang zur Steganlage ebenfalls nicht öffnen ließ. Nach einigem Rufen erschien jemand aus dem Hafenbüro und erklärte, dass die Schlösser ausgewechselt wurden. Wir erhielten einen neuen Schlüssel und beruhigten uns. Den restlichen Abend verbrachten wir vorsichtshalber an Bord.

Blick auf den Dom in Havelberg

Yachthafen Havelberg

Seit Potsdam geisterte immer mal der Gedanke in unseren Köpfen, ob die dauerhafte Hitze die Wasserverhältnisse beeinflussen würde. Wir waren aber auf der bisherigen Tour nirgendwo auf Probleme oder Bedenken hinsichtlich der Wassertiefe gestoßen, deshalb hatten wir uns keine ernsten Sorgen zu diesem Thema gemacht. Der »Hafenführer« spricht von der Elbe als »Filetstück« auf der großen Runde, die breit und mit kräftiger Strömung durch die Wiesen und Auenwälder fließt. Durch zahlreiche Sandbänke und Untiefen sind die Betonnung und die gelben Kreuze für den Seitenwechsel der Fahrrinne zu beachten. Andere Artikel berichten von einem wahren Geschwindigkeitsrausch, der dem Hausbootkapitän im Vergleich zum üblichen Tempo beschieden ist, da sich Fließgeschwindigkeit der Elbe und die Fahrgeschwindigkeit addieren.

Die beiden Hausbootfahrer Doughty und Forester waren von Hamburg über die Elbe gekommen. Zu Doughty´s Reisezeit im August 1890 präsentierte sich die Elbe in allen Facetten ihrer Wandelbarkeit. Seine Segelcrew war ja prinzipiell von einem guten Wind abhängig, um gegen die Strömung anzukommen. Das gelang manchmal besser und war zeitweilig ein schwieriges Unterfangen. Auch intensive Gewitter musste die Crew auf dem Wasser über sich ergehen lassen. Als sie einmal ein Schifffahrtszeichen für den Wechsel der Fahrrinne verpassten, liefen sie auf eine Sandbank, kamen aber durch die kräftige Strömung schnell wieder los.

Doughty reiste zu einer Zeit, als auf der Elbe noch die Kettenschifffahrt betrieben wurde. Aus Mangel an starken Schleppern hatte man von Böhmen bis Hamburg eine 730 km lange Kette im Fluss verlegt. Mit gewaltigem Klirren zogen sich die Schleppschiffe an dieser gegen die Strömung, indem sie die Kette vorn aufnahmen, über Rollen führten und am Heck wieder in den Fluss absenkten. In Dömitz bog Doughty in die Elde ein, um nach Schwerin zu gelangen.

Forester war mit seinem kleinen Außenbordmotor 1929 nicht auf den Wind angewiesen. Dafür machte ihm der Wellengang auf der Elbe zu schaffen. Diese schlugen nicht selten über die niedrige Bordwand und durchnässten ihn und seine Frau. Der Motor hatte schwer gegen die Wellen und die Strömung anzukämpfen. Besonders bei schlechtem Wetter war es schwierig, Zwischenstopps einzulegen, um den Tank am Motor mit Benzin zu versorgen. Aber es gab auch schöne Tage, an denen die Elbe all ihre Schönheit zeigte, wie Forester schrieb. Welche Erfahrungen würden wir wohl machen? Mit fortschreitendem Abend entwickelte sich dann doch eine gewisse Spannung auf den kommenden Tag. Inzwischen waren wir fast zwei Wochen unterwegs.

An Aushängen hatten wir gelesen, dass am nächsten Tag in Havelberg ein Triathlon stattfinden sollte. Der Kurs für die Schwimmer würde auch am Hafen entlang führen, mit Behinderungen auf dem Wasser war zu rechnen. Deshalb wollten wir früh ablegen. Die Betriebszeit der Schleuse in Havelberg begann bereits 07:00 Uhr. Es lag also an uns, rechtzeitig aus der Koje zu kommen.

Erst am Abend wurde uns bewusst, dass Freitag der Dreizehnte war. Der Tag war abgesehen von dem kleinen Schlüsselproblem ohne Zwischenfälle verlaufen. Auch wenn wir nicht abergläubisch sind, waren wir ein wenig froh, nicht gerade an so einem Tag unsere Elbefahrt meistern zu müssen. Mit erwartungsvollen Gefühlen und etwas Unsicherheit gingen wir an diesem Abend zu Bett. Vielleicht war es ein Glück der bisherigen Reise, dass wir nicht wussten, was uns am nächsten Tag erwarten würde.

Erlebnisse auf der Elbe

Wir legten kurz nach sieben Uhr ab und waren wenig später an der Schleuse im Elbe-Havel Verbindungskanal. Die Havel selbst muss in Ihrem Flussbett noch 10 km bis Quitzöbel zurücklegen. Ein Teil des Havelwassers wird über den Gnevsdorfer Vorfluter weitere 10 km flussabwärts in die Elbe geleitet. Für den Schiffsverkehr wurde die Schleuse in Havelberg gebaut, mit der die Schiffe auf das Niveau der Elbe gehoben werden können. Durch diese Wasserbaumaßnahmen wurde die Hochwassergefahr durch den Rückstau der Elbe gebannt, der sich teilweise bis Rathenow auswirkte.

Die Sportbootwartestelle befindet sich ein Stück vor den Schleusentoren. Per Telefon forderten wir die Schleusung an, die über eine Leitzentrale in Rathenow gesteuert wird. Wenig später öffneten sich die Tore und wir konnten einfahren. Als einziges Boot in der 225 m langen und 20 m breiten Schleusenkammer fühlten wir uns recht verloren. Da die Schleuse einen maximalen Hub von mehr als fünf Metern ausgleichen kann, erhoben sich die Schleusenwände bis weit über unser kleines Boot. Die Einfahrtstore schlossen sich und kurz danach öffneten sich die Tore auf der gegenüberliegenden Seite, ohne das sich der Wasserstand geändert hatte. Das war kein gutes Zeichen. Meine Anforderung per Telefon: »Wir möchten in die Elbe aufschleusen«, hat damals wahrscheinlich Schmunzeln in der Zentrale ausgelöst: »Wieder ein Verrückter, der auf die Elbe will.«

Bei der Ausfahrt aus der Schleuse erinnerte ich mich an die Vorbereitungen der Reise. Damals hatte ich die Idee in Erwägung gezogen, flussauf bis Arneburg und vielleicht sogar bis Tangermünde zu fahren. Vor einigen Jahren verbrachten wir dort ein paar sehr schöne Tage und die mittelalterliche Fachwerkstadt war noch im Gedächtnis. Die Anfahrt vom Wasser sollte die Erinnerungen auffrischen. Auf einer rasanten Fahrt flussabwärts wollte ich den zusätzlichen Zeitbedarf zum Teil kompensieren. Die Variante hatte ich allerdings bereits während der Reise ausgeschlossen. Dafür waren wir auf den Neuruppiner Gewässern unterwegs gewesen. Spätestens in diesem Moment hätte ich das Vorhaben auf jeden Fall verworfen.

Als wir die hohen Tore der Schleuse passierten, kam ich mir ein wenig wie in einem Endzeitfilm vor, wenn das Portal des geschützten Bereichs geöffnet wird, um einen Erkundungstrupp in die feindliche Außenwelt zu entlassen. Langsam fuhren wir auf dem Verbindungskanal zur Elbe. Kaum hatten wir die Mündung erreicht, drückte uns die Strömung in Richtung einer roten Tonne. Der Tiefenmesser zeigte zunächst 20 cm, dann nur noch 10 cm. Wir müssen weiter in den Fluss kommen, blitzte es in meinen Gedanken auf und ich steuerte gegen die Strömung. Die Wassertiefe unter dem Boot stieg auf »50«. Langsam fuhren wir flussabwärts, gerade so schnell, dass eine Steuerung mit dem Ruderblatt möglich war. Ich versuchte mit dem Tiefenmesser, die Fahrrinne auszuloten. Viel mehr als 50 cm wurden es hier nicht. Wir mussten uns erst einmal an den Tonnen und den gelben Landmarken orientieren. Weite Sand- und Kiesflächen waren an den Ufern sichtbar. Dennoch war der Fluss sehr breit. Zunächst verlief das Fahrwasser am rechten Ufer, wechselte dann zum linken Ufer, um wenig später erneut die Seite zu wechseln. Meine Frau verfolgte die Fahrrinne in der Wasserkarte und suchte mit dem Fernglas die nächsten Tonnen und Landmarken. Ich pendelte mit den Blicken im Sekundentakt zwischen dem Tiefenmesser und dem Wasser voraus, um vielleicht anhand von Strudeln und Änderungen der Wasseroberfläche Flachstellen auszumachen. Immerhin hatten wir inzwischen schon Tiefen von bis zu einem Meter unter dem Kiel. Dennoch war es nicht leicht, den Kurs zu halten, denn die Wechsel von einer Flussseite zur anderen erstreckten sich jeweils auf einer Strecke von ein bis zwei Kilometer. Auf dieser Entfernung mussten wir in möglichst gerader Linie über den Fluss kreuzen, während sich die Strömung nicht an die Fahrrinne hielt und das Boot flussabwärts trieb. Sank der Tiefenmesser unter 50 cm, musste ich mich bei der Kurskorrektur innerhalb von Sekunden für die richtige Seite entscheiden. Am angenehmsten war das Steuern in weiten Kurven, da die Fahrrinne immer in der Außenkurve verläuft und durch die

Strömung tiefer ausgewaschen ist. Am schlimmsten waren die geraden Abschnitte, auf denen Sandbänke dicht an das Fahrwasser heranreichen konnten. Die Konzentration lag bei einhundert Prozent, es gab kaum Momente, um in die Landschaft zu blicken. An Fotografieren war nicht zu denken. Wir schwiegen, jeder in seine Aufgaben vertieft. Weitere Schiffe waren nicht zu sehen. Am Rand des Wassers manchmal ein Angler, der dort stand, wo ihn sonst die Fluten mitgerissen hätten. Einmal kamen wir an einem Frachtschiff vorbei, das verlassen mit leichter Schräglage auf Grund lag. Es passte zum Bild der »Endzeit«, beruhigte aber keineswegs. Zeit zum Nachdenken blieb nicht, der Fluss drängte uns vorwärts.

Die aufgeschütteten Buhnen waren größtenteils freigelegt und reichten als lange Stein- und Sandbänke weit in den verbliebenen Flussverlauf hinein. Diese Wasserbaumaßnahmen wurden vor allem in den Jahren 1850 bis 1900 ausgeführt, um das ehemals noch viel breitere Flussbett einzuengen und dadurch die Fahrrinne zu vertiefen.

Wir kämpften uns langsam vorwärts. Nach drei Stunden hatten wir 33 km ohne Schäden hinter uns gebracht und Wittenberge erreicht. Wir beschlossen, hier zu halten. Ein langer Schwimmsteg dominierte das Hafenbecken. Vom Steg aus schickte uns jemand auf die linke Seite. »Dort ist es zwei Meter tief« meinte er. Der Tiefenmesser wies 20 cm aus. Wir machten gleich zu Beginn des Steges längsseits fest und atmeten erschöpft durch. Die Stimmung war gedrückt, wir redeten kaum miteinander. Jeder war mit seinen Gedanken beschäftigt. Es stand viel auf dem Spiel.

Die Schlammrückstände an den Stahlsäulen, an denen sich der Schwimmsteg abgesenkt hatte, zeigten den sonst üblichen Wasserstand an. Es fehlten 1,8 m Wassertiefe. Hatten wir jetzt eine »Auszeit« in Wittenberge? Um die Lage abzuschätzen, rief ich zunächst im Hafen Dömitz an: »Wir haben im Hafenbecken etwa einen Meter«, erhielt ich als Auskunft. Dann die Nachfrage in der Schleuse Dömitz. »Im Schleusenbecken sind es 85 cm«. Danach schaute ich mir die Elbpegel im Internet an. Dömitz wies 35 cm aus und Wittenberge 108 cm mit der

Tendenz steigend. Das waren genau die 1,8 m unter dem Mittelwasser. Die Pegel allein sagen ja nichts bezüglich der tatsächlichen Wassertiefe aus. Sie stehen nur in einem Verhältnis zu einem realen Wasserstand. Dieser lag in der Schleuse Dömitz also einen halben Meter über dem Pegel. Das war zumindest ein Anhaltspunkt. Die Pegel flussaufwärts in der Elbe von Tangermünde und Magdeburg zeigten ebenfalls steigende Werte. Es könnte mehr Wasser nachkommen. Wahrscheinlich sorgte der Starkregen vor drei Tagen in Brandenburg jetzt für einen Anstieg. Die Zeit arbeitete somit für uns.

Den Tiefgang unseres Bootes hatten wir schon einmal in Altfriesack betrachtet. Der Wasserstand in der Schleuse lag genau in der Mitte der Angaben von Bordbuch und Internet und würde nicht reichen oder war zumindest ein großes Risiko. Seit Anfang Juli waren die Pegel um etwa 20 cm vom ohnehin niedrigen Stand gesunken. Damit bestand bereits zu Reisebeginn eine hohe Wahrscheinlichkeit, auf dem gleichen Weg zurückfahren zu müssen. Wir hatten uns in eine mehr als missliche Lage gebracht. Auf die Frage, warum ich die Situation nicht schon eher im Internet recherchierte, konnte ich keine Antwort geben.

Inzwischen kam der Hafenmeister vorbei und erkundigte sich, ob wir die Nacht hier verbringen würden. Wir wollten viel lieber wissen, ob es Sinn macht, weiter zu fahren.

»Das müsst ihr selber entscheiden, aber da draußen fährt keiner mehr mit einem so großen Boot. Schade um das schöne Boot.«

Bis zum Nachmittag konnten wir ohne Gebühr bleiben, danach wäre eine Liegegebühr zu bezahlen. Ein anderer Skipper auf seinem Bungalow-Boot am Steg sah es gelassener.

»Die Fahrrinne ist tief genug. Wir fahren auch weiter, aber erst in ein paar Tagen.« »Welchen Tiefgang haben Sie?«, wollte ich wissen.

»60«.

Wir entschieden uns dazu, zunächst einkaufen zu gehen. Den Weg zum Supermarkt ließen wir uns erklären. Die Sonne brannte von oben, der Weg schien kein Ende zu nehmen. Ein inzwischen bekannter Zustand, nur hatte er jetzt einen sorgenvollen Aspekt dazugewonnen.

Der Rückweg erschien noch länger. Wir mussten einiges tragen, obwohl uns die Dinge wenig interessierten, die unser leibliches Wohl sicherstellen sollten. Die anstrengende Fahrt, die Ungewissheit und der Zwang zur Entscheidung waren kräftezehrend. Wittenberge hatte es nicht leicht mit uns. Für die Stadt brachten wir kein Interesse auf.

Zurück an Bord beschlossen wir, eine Ruhepause zu machen. Einen Schlaf konnten wir jedoch nicht finden. Wie wir später feststellten, hatten wir die gleichen Gedanken. Alles zurückfahren wollte niemand von uns. Das wären mindestens 350 km mit den vielen Schleusen und ihren langen Wartezeiten in den verbleibenden sechs Tagen. Dazu die Strecke vom Vormittag gegen die Strömung auf der Elbe. Falls wir weiterfahren und draußen auf der Elbe auflaufen sollten, käme keiner vorbei, um Hilfe zu leisten, und bei der Wasserschutzpolizei würde es richtig teuer werden. Auch die Versicherung stuft eine solche Fahrt wahrscheinlich als grob fahrlässig ein, daran dachte man lieber nicht. Selbst wenn uns die Weiterfahrt gelang, war noch unsicher, ob wir in Dömitz überhaupt durch die Schleuse kämen. Fragen über Fragen, ausgesprochen hat die damals keiner von uns.

Am Nachmittag griff ich erneut zum Telefon. Der Schleusenwärter konnte nichts Neues berichten. »Vielleicht morgen«. Die Häfen an der Elde oberhalb Dömitz meldeten einen normalen Wasserstand. Hier war wieder alles staugeregelt. Die Pegelstände zeigten weiterhin eine steigende Kurve. Noch kam Wasser nach, das später auch in Dömitz ankommen musste. Nachdem wir nochmals die Möglichkeiten abgewogen hatten, entschlossen wir uns, weiter elbabwärts zu fahren.

Auf der Elbe bei 1,8 m unter Normalwasser

Um vier Uhr nachmittags legten wir ab. Auf der Elbe das gleiche Prozedere, dieselbe Arbeitsteilung. Kurze Zeit später kam ein offenes Boot der Wasserschutzpolizei mit kräftigem Außenborder heran.

»Das war es dann wohl«, war mein erster Gedanke.

»Und wie läufts?«, war die Frage des Beamten.

»Na ja, eher schlecht«.

»Wo wollt ihr hin?«

»Nach Dömitz zur Elde«.

»Dann müsst ihr schnell machen, oben sinken die Pegel schon wieder«.

Während des Gesprächs versuchte ich, halbwegs den Kurs zu halten, die Fahrrinne wechselte gerade vom rechten zum linken Ufer und der Tiefenmesser zeigte erneut unter 50 cm. Die Beamten blieben eine Weile in Sichtweite und beobachteten unsere Fahrweise. Dann gaben sie noch den Hinweis, dass wir dichter am Tonnenstrich fahren sollten. »In der Mitte ist kaum noch Wasser in der Elbe, wenn ihr liegenbleibt, kommen wir mit dem großen Boot«. Danach drehten sie ab.

Ein Stück weiter schien die Fahrrinne tiefer zu werden, wir hatten öfter zwei Meter Wasser unter dem Schiff. Nach einer lang gezogenen Kurve folgte ein Wechsel auf die andere Uferseite, dann wieder eine weitere Biegung in die entgegengesetzte Richtung. Auch auf diesem Teil der Elbe war jeder Fahrwasserwechsel mehrere Kilometer lang. Die gelben Kreuze an Land waren in der Ferne nur mit dem Fernglas auszumachen und das wurde immer schwieriger, je tiefer die Sonne sank. Dennoch hatten wir eine gewisse Sicherheit in der Fahrweise erreicht. Die Stunden vergingen. Bis Dömitz waren es 50 km. In Lenzen fuhren wir vorbei, den Rest wollten wir nun auch noch schaffen. Um halb neun abends bogen wir in die Hafeneinfahrt von Dömitz ein.

Das Hafenbecken lag an einer hohen Spundwand tief unterhalb der Kaimauer. Wir steuerten einen freien Liegeplatz an. Als wir aufstoppten, steckten wir mit dem Bug bereits im Hafenschlamm und mussten das Boot ein wenig zurückziehen. Am übernächsten Liegeplatz lag ein traditionelles Motorboot. Ein großer Hund döste an Bord. Der Skipper meinte reichlich deprimiert, dass er schon seit vierzehn Tagen hier liege. Er wolle zur Müritz und käme nicht durch die Schleuse.

»Welcher Tiefgang?«

»Einen Meter«.

Auf der anderen Seite neben uns lag eine Motoryacht. Das Ehepaar an Bord war aus der Gegend. Sie wollten zurück in ihren Heimathafen an der Elbe. Wegen dessen flacher Einfahrt hatten sie Bedenken, dort einzulaufen.

Wir selbst waren unbeschadet in Dömitz angekommen. Ob das die richtige Entscheidung war, musste sich noch zeigen. Sollten wir es am nächsten Tag nicht durch die Schleuse schaffen, würden wir in der Falle sitzen. Zurück konnten wir jetzt nicht mehr, von der Elbe hatten wir vorerst genug. Das Ehepaar von nebenan sah das für uns optimistisch und die Hoffnung stieg wieder etwas. Kurze Zeit später kam noch eine Segelyacht in den Hafen und machte in der Nähe fest. Die Familie war stromaufwärts gefahren und wollte ebenfalls am nächsten Morgen Richtung Müritz aufbrechen. Die Yacht hatte allerdings nur 45 cm Tiefgang, das Schleusenmanöver war damit gesichert. Dafür hatten sie auf der Elbe einigen Kontakt mit Treibholz, das gegen das Boot und den Propeller stieß, aber keinen Schaden anrichtete. Von diesen Problemen blieben wir zum Glück verschont.

Der Aufstieg vom Schwimmsteg im »Abgrund« des Hafenbeckens zur Hafenpromenade wurde fast zur Kletterei, so stark war die Schräge geneigt. Das Hafenbüro fanden wir im alten Speicher, den man zu einem eindrucksvollen Hotel ausgebaut hat. Die Gebühr für die Übernachtung konnten wir an der Rezeption entrichten. Die Schleuse hatte bereits geschlossen, hier erhielten wir keine Auskünfte mehr. Es war also sinnlos, sich weiter den Kopf zu zerbrechen, und wir ließen uns von dem schönen Ambiente im Hotel zu einem Abendessen inspirieren. Die Inneneinrichtung hat man im Stil eines Schiffs gestaltet. Im obersten Stockwerk befindet sich ein Café, von dem wir auf die Umgebung blicken konnten. Beide versuchten wir, die Diskussion über den Tag und die möglichen Konsequenzen, wenn wir nicht durch die Schleuse kommen sollten, zu vermeiden. Vollständig gelang uns das nicht.

Vor dem Zubettgehen schaute ich nochmals nach den Pegeln. Dömitz wies 43 cm aus und war damit erneut etwas angestiegen. Auch Wittenberge und Tangermünde zeigten weiterhin steigende Pegel. In der Nacht wechselten sich Tiefschlaf durch den anstrengenden Tag und Phasen eines unruhigen Schlafes durch die bevorstehende Unsicherheit ab.

Hafen Wittenberge

Hafen Dömitz unterhalb der Schleuse

Am nächsten Morgen hatten wir das Gefühl, schon eine halbe Ewigkeit mit dem Problem des Niedrigwassers konfrontiert zu sein. Dabei waren wir genau einen Tag vorher beim Frühstück in Havelberg noch in freudiger Erwartung, eine interessante Fahrt auf der Elbe zu genießen. Der Pegel Dömitz wies 48 cm aus. Nach der Rechnung vom Vortag sollten es dann in der Schleuse ein knapper Meter sein, was für uns reichen würde. Es musste reichen! Neun Uhr begann die Betriebszeit. Die Minuten zogen sich in die Länge. Der erste Anruf kurz vorher blieb noch unbeantwortet. Beim Zweiten meldete sich der Schleusenwärter. Die Frage nach dem Tiefgang beantwortete ich mit »knapp 90 cm«, um nicht Gefahr zu laufen, keine Einfahrt zu erhalten. »Bleibt ganz hinten, der Segler soll zuerst einfahren«, war die Antwort. Ich hatte das Segelboot gleich mit angemeldet. Nachdem ich die Crew informierte, machten wir uns auf den kurzen Weg bis zur Schleuse. Die Klappbrücke davor musste natürlich nicht geöffnet werden, es war ausreichend Platz unter der Brücke. Der Skipper des Motorbootes, das schon seit zwei

Wochen im Hafen lag, unternahm keine Anstalten, mitzufahren. Ganz langsam fuhren wir ein. Der Tiefenmesser zeigte noch eine Tiefe von 10 cm. Wir waren unbeschadet in der Schleuse, wir hatten es geschafft.

Der weitere Schleusenvorgang war Routine. Die Schleusenkammer wirkte wie eine Schachtschleuse und das einströmende Wasser hob uns einige Meter in die Höhe. Die Erleichterung war groß. Die dunkle Wasserfläche unten im Hafenbecken erschien gespenstisch und bedrohlich als wären wir dem Unheil gerade noch entkommen, was im Hinblick auf die finanziellen Folgen durchaus der Tatsache entsprach. Wenige Minuten später befanden wir uns wieder auf der Sonnenseite des Lebens, der Urlaub hatte erneut begonnen. Unten die raue Wirklichkeit, die Abhängigkeit von den Unbilden der Natur, hier oben die Lieblichkeit des geregelten Wassers, der sichere Kanalverlauf mit konstanter Wassertiefe. Wir fuhren keine 200 m, dann bogen wir in den Naturhafen des Wasserwanderrastplatzes Dömitz ein und und legten an einem freien Platz der Steganlage an. Obwohl es noch nicht einmal zehn Uhr war, hielt ich es für unaufschiebbar. Ich holte den mitgebrachten Kräuterschnaps heraus und goss zwei Gläser voll. »Auf die Elbe«! Danach füllte ich die Gläser ein zweites Mal. »Auf unser Glück«! Bei den zwei Schnäpsen beließen wir es und machten uns auf den Weg in die Stadt, wir hatten wieder die Muße und das Interesse an den Dingen der Umgebung. Vierundzwanzig ungewisse Stunden, die wir durch ungenügende Vorbereitung selbst verschuldeten und deren guter Ausgang die Hausbootrunde nun möglich machen sollte.

Zwischen Dömitz und Eldedreieck

Die restaurierte und sehr gepflegte Altstadt von Dömitz ist einen Besuch wert. Die alten Fachwerkhäuser bilden eine schöne Kulisse und zahlreiche Fotomotive. Die Stadt im Dreiländereck von Mecklenburg-Vorpommern, Niedersachsen und Brandenburg liegt inmitten des UNESCO-Biosphärenreservats Flusslandschaft Elbe. Etwas Zeit sollten Sie sich auch für den Besuch der Festung aus dem 16. Jahrhundert nehmen. Sie ist die einzige vollständig erhaltene fünfeckige Flachlandfestung in Norddeutschland. Hier verbrachte der Dichter und Schriftsteller Fritz Reuter die letzten Jahre seiner Festungshaft. In der gewaltigen Backsteinfestung konnten wir zwei Ausstellungen besuchen. Die eine vermittelte Informationen zur Flusslandschaft der Elbe und stimmte uns wieder etwas versöhnlicher mit dem Fluss. Eine zweite in den Kasematten beschäftigte sich multimedial mit den Themen Wasser, Nahrung und Wohnung. Von den erhöhten Standorten der Festung hatten wir einen Blick auf die Elbe, die sich als blaues Band durch die flache und grüne Landschaft zog.

Auf dem Rückweg gingen wir nochmals am Hafen entlang und blickten vom Panoramacafé des Hotels auf das Umland. Im Hafenbecken lagen die verbliebenen Schiffe. Unser Nachbar vom Vortag, der auch zur Müritz wollte, lag unverändert an seinem Liegeplatz. Der Schleusenwärter hatte voraussichtlich an diesem Tag keine Arbeit mehr. Die Schleuse selbst wurde erst 1992 neu errichtet. Zu DDR-Zeiten lag sie im streng abgeschirmten Grenzgebiet. Man ließ die alte Schleuse von 1830 aus roten Klinkern verfallen. Vor der Grenzöffnung musste sie aus baulichen Gründen ganz gesperrt werden und wurde ein Jahr später abgerissen. Mit der politischen Veränderung und dem Neubau ist die Hausbootrunde nun überhaupt erst wieder möglich.

Blick vom Panoramacafé auf den Hafen Dömitz

Wasserwanderrastplatz Dömitz oberhalb der Schleuse

Den Mittag verbrachten wir auf dem Boot und lebten mit Appetit von den Vorräten. Auch der Hafenmeister des Rastplatzes kam vorbei und verlangte einen Obolus für das Kurzliegen. Wir hätten ihm aus Freude über den Fortgang unserer Reise fast jeden Betrag bezahlt. Es war Sonntag, der 15. Juli 2018. Uns standen noch fünf komplette Fahrtage zuzüglich des restlichen Sonntags zur Verfügung, um spätestens am Freitagabend in Plau am See anzukommen. Auf direktem Weg lagen 123 km und 17 Schleusen vor uns. Damit blieb uns die Möglichkeit für einen Abstecher zum Schweriner See.

Nach dem Mittag legten wir ab und hatten alle Zeit der Welt. Auf der Elde ging es mit einer zulässigen Geschwindigkeit von maximal sechs Kilometer pro Stunde ohnehin nur langsam vorwärts. Die Sonne brannte in gewohnter Weise vom Himmel nieder, sie beunruhigte uns nicht mehr. Bis Plau am See konnte sicher noch viel passieren, ausreichend Wasser sollten wir aber haben. Die Schleusenwärterin in Neu-Kaliß fragte verwundert nach unserer Herkunft. Die Antwort: »Von der Elbe«, erschien ihr kaum glaubwürdig. »Mit diesem großen Boot?«, lautete die erneute Nachfrage.

Für die Bootsführer ohne Sportbootführerschein stellt die Elde eine Sackgasse dar, weil in Dömitz das Charterscheinrevier endet. Die Crews wählen meistens den Weg Richtung Schwerin. Zusätzlich gab es durch das Niedrigwasser fast keinen »Fernverkehr« von und zur Elbe. Deshalb herrschte auf dem Unterlauf der Elde wenig Bootsverkehr. Schade, denn der Abschnitt unterhalb von Grabow erwies sich als der schönste Teil der Elde.

Wie wir so gemächlich und unbeschwert den kanalisierten Fluss aufwärtsfuhren, kamen mir wieder die Erlebnisse des Engländers Forester in den Sinn, der fast 90 Jahre vor uns mit seiner Frau in dem kleinen »Wohnboot«, wie er es bezeichnete, den gleichen Weg nahm. Die größte Herausforderung der Reise lag damals noch vor ihm. Forester kam genau wie wir aus Brandenburg an der Havel und hatte in einer wunderschönen Fahrt die Elbe hinter sich gelassen. Auf ihrer Hinfahrt von Hamburg bis Magdeburg im Frühjahr 1929 war die Elbe stürmisch und sie hatten sich mühsam über viele Tage vorangekämpft. Auf dem Rückweg war es Sommer und die Elbe zeigte sich von der besten Seite. In Dömitz erhielten sie ihre Hiobsbotschaft. Die Schleuse in Lübz sei wegen Bauarbeiten komplett gesperrt. Damit war für das Paar der Weg zu den großen Seen blockiert. Sie hätten also wieder umkehren müssen, um erneut gegen den Strom anzukämpfen und den ganzen Weg zurückzufahren. Nach langem Überlegen und gemeinsamen Abwägen blieben sie hartnäckig und setzten ihren Weg fort, egal was da kommen möge.

Als Bootsfahrer scheint man immer wieder geprüft zu werden. Auch uns schickte man eine neue Plage. Bereits kurz hinter Dömitz deutete sie sich an, als meine Frau plötzlich mit einem Aufschrei vor Schmerz auf ihr eigenes Bein schlug. »Mistvieh!« Eine Bremse bezahlte ihren Stich mit dem Leben, der Schmerz blieb. Es dauerte nicht lange, dann war das nächste Exemplar im Anflug. Meine Frau holte eine Flasche mit Insektenschutzmittel aus der Kajüte und begann sich einzureiben. Ich erhielt ebenfalls eine »Salbung«. Das schien die Tiere zunächst etwas abzuhalten. Sie liebten wahrscheinlich die Wärme, denn sie sammelten sich an der aufgeheizten Persenning direkt bei unseren Köpfen um ab und zu über uns herzufallen. Die Schleusenwärterin in Neu-Kaliß hatte sich im Gespräch auch schon beschwert. Eine Zulage müsste sie erhalten, weil die Plagegeister sie bei der Arbeit attackierten. Im weiteren Verlauf wurde es noch schlimmer.

Entgegen den Erwartungen waren wir bisher von Mücken und dergleichen Getier verschont geblieben. Die ungewöhnliche Trockenheit des Sommers sorgte wahrscheinlich dafür, den Bremsen schien die Hitze jedoch zu gefallen. Vor allem merkte man nicht, wenn sich diese Biester auf der nackten Haut nieder ließen. Bemerkten wir den Schmerz, war es schon zu spät. Ich war beim Steuern an einen festen Platz und entsprechende Aufmerksamkeit gebunden. Die Elde ist ein schmaler Fluss, eine kleine Unachtsamkeit konnte schnell dazu führen, das Boot gegen das Ufer zu lenken. So stand meine Frau mit einer Fliegenklatsche bewaffnet hinter mir. Damit verteidigte sie sich selbst und ließ sie ab und zu auch auf mich niedersausen. Der Schreck und der leichte Schmerz waren nicht geringer als bei einem tatsächlichen Stich, blieb aber wenigstens ohne Folgen.

Die folgenden Schleusungen erfolgten in Selbstbedienung, was mithilfe der Stangen ein Kinderspiel war. Eine kurze Drehung am Hebel vor der Schleuse und dann nochmals in der Schleuse löste den Vorgang aus. Alles andere lief automatisch ab. Auf der Reise von Forester musste er die Schleusen ebenfalls selbst bedienen. Damals war dies aber noch reine Handarbeit. Nach seiner Erfahrung stellten die Mecklenburger Schleusen die »kurioseste Raritätensammlung« dar, die er außerhalb eines Museums gesehen hatte.

Nach der Schleuse mit dem lustigen Namen »Findenwirunshier«, die zusammen mit der Klappbrücke geöffnet wurde, folgte Malliß. Hier hatten wir etwas Pech. Als wir um die letzte Kurve bogen und auf die Schleusentore blicken konnten, fuhr gerade ein kleines Motorboot ein. Die Besatzung war aber so mit sich selbst beschäftigt, dass sie nicht nach hinten blickte und den Hebel betätigte, um den Schleusenvorgang auszulösen. Als wir vor dem Tor waren, schaltete die Ampel auf Rot und wir mussten einen ganzen Vorgang abwarten. Später ging uns das jedoch ähnlich. Kaum hatten wir in der Schleuse den Hebel bedient, tauchte ein Boot in der Anfahrt auf. Es gibt keine Möglichkeit, den Vorgang anzuhalten, außer diesen als Notfall abzubrechen. Das kostet noch mehr Zeit und Telefonate mit der Leitzentrale und ist nur wirklichen Notfällen vorbehalten. Das gleiche passiert, wenn man ein Sperrsignal überfährt, in der Hoffnung, mit durchzukommen, nur weil die Tore offen waren. Die Weiterschleusung wird dann automatisch abgebrochen. Wir übten uns in Geduld und hatten eine knappe Stunde später die Schleuse hinter uns.

Kurz danach legten wir am schönen Bootsanleger und Campingplatz Neu-Göhren an. Der Anleger lag unmittelbar bei einer Straßenbrücke, erwies sich aber als sehr ruhig an der kaum befahrenen Straße. An die Steganlage grenzte eine kleine Wiese, gleich dahinter befand sich ein Hafenrestaurant. Es war fast 17:00 Uhr. In wenigen Minuten begann das Endspiel der Fußballweltmeisterschaft. Gerade genug Zeit, um ein Bier zu bestellen und in der »ersten Reihe« vor dem Fernseher Platz zu nehmen. Die Bremsen waren vergessen und selbst für uns »Nicht-Fussballfans« war es ein perfektes Timing, auch wenn die deutschen Spieler das Turnier schon längst verlassen hatten.

Nachdem sich Frankreich als neuer Weltmeister feiern ließ, war die Sommerhitze einer gemäßigten Abendtemperatur gewichen. Die Bremsen hatten sich ebenfalls verzogen und wir konnten in Ruhe auf dem Boot entspannen.

Elde-Rastplatz Neu-Göhren

Video 15: Impressionen von der Elde

Auch am nächsten Morgen ließen wir uns Zeit. Bis Grabow waren es zunächst 17 km mit zwei Schleusen. Dort wollten wir eine Mittagsrast einlegen. Unterwegs fuhren wir am Bootshafen Eldena mit einem kleinen quadratisches Hafenbecken vorbei, das von Wiesen und Bäumen eingerahmt war. Der Wasserwanderrastplatz Eldekrug war ein lang gezogener Holzsteg an der Elde, ebenfalls sehr schön gelegen. Kurz danach erreichten wir Grabow. Der Stadtanleger befand sich direkt an der neugestalteten Uferpromenade, lag aber in praller Sonne mit Blick auf die Häuser der Stadt und einen großen Parkplatz, der auch als Wohnmobilstellplatz genutzt wurde. Das Ambiente war für einen Stadtbesuch in Ordnung, für eine Übernachtung hätten wir den nahen Eldekrug vorgezogen. Wahrscheinlich bekanntester »Exportschlager« der Stadt sind die »Grabower Küsschen«. Die Traditionsfirma der Schaumküsse wurde bereits 1835 als Backstube gegründet. Nach der Wende gab es eine Krise und Insolvenz, heute produziert man wieder an mehreren Standorten in Deutschland. Grabow bietet aber auch eine sehr schöne Altstadt mit vielen Fachwerkhäusern aus der Zeit des Wiederaufbaus, nachdem die Stadt 1725 zu großen Teilen abbrannte. Vielleicht lag es an der erneuten Hitze des Tages, dass die gepflegte und saubere Altstadt mit den zahlreichen roten Backsteinbauten recht verlassen wirkte und kaum Passanten zu sehen waren. Das wurde dem Ort nicht gerecht, denn es gab eine Menge zu entdecken.

Wie man in Brandenburg an der Havel den »Waldmöpsen« folgen kann, so leiten in Grabow Bronzeplastiken auf Granitsockeln den Weg durch die Stadt. Mit dem Projekt »Kunst im Raum« sollen insgesamt fünf Plastiken entstehen, drei konnten wir entdecken. Die nicht ganz lebensgroßen Skulpturen sind sehr schön und filigran gearbeitet. Eine stellt den Grabower Bürgermeister Dr. Franz Floerke und den Dichter Fritz Reuter dar, die seit der Jugend befreundet waren. Eine andere zeigt das Grabower Original Guste Trahn. Diese Frau verkaufte nach dem Zweiten Weltkrieg Pferdeäpfel, die sie mit Besen und Wagen einsammelte, an private Gärtner. Die dritte Plastik lässt die Besitzer der ersten Porterbrauerei Deutschlands vor ihrem ehemaligen Maschinenhaus mit einem Bier anstoßen. Folgen sollen noch Skulpturen zur Vergoldertradition der Stadt sowie zur Erbmühle Bolbrügge, einem der größten Mühlenkomplexe in Mecklenburg-Vorpommern. Sehenswert ist auch das Rathaus am Marktplatz.

Bronzeskulpturen in Grabow

Rathaus in Grabow

Grabow ist nicht nur die Stadt der Schaumküsse

Video 16: Die Elde bei Grabow

Zwei Stunden und einen Imbiss später legten wir wieder ab. Zuvor hatten wir an einem beschatteten Platz am Café »Eiszeiten« einen Nachtisch genossen. Von »Eiszeiten« spürten wir bei der Hitze freilich nichts. Die Hubbrücke in Grabow konnten wir ohne Öffnung passieren, an der Schleuse mussten wir eine halbe Stunde warten, ein durchschnittlicher Wert. Bis Neustadt-Glewe, dem Tagesziel, waren es noch 16 km mit zwei Schleusen. Die Elde ist auf dieser Strecke an den meisten Stellen von einem schmalen grünen Band eingefasst, das dem kanalisierten Fluss einen natürlichen Rahmen gibt. Dahinter ist die Umgebung ein flaches und eher karges Land, keinesfalls so lieblich wie auf dem südlichen Teil der Elde. Auf der Fahrt attackierten uns wieder die Bremsen, nicht ganz so zahlreich wie am Tag zuvor, aber immer noch sehr lästig und unangenehm.

Der Bootshafen Neustadt-Glewe lag in einem Seitenarm der Elde, wenige Meter vom Hauptfahrwasser entfernt. Das reichte allerdings aus, um ein Flair zu entwickeln, das an französische Wasserwege erinnerte. Die Holzstege um das kleine Hafenbecken waren von dichtem Grün eingefasst und lagen direkt unterhalb der Burg. Der Hafen wird von der Familie Thorbahn bewirtschaftet. Das Haus mit den Sanitärräumen stand am Ende des Seitenarms gleich neben einer alten Mühle, unter der noch das Wasser mit einem Rauschen entlang strömte. Dadurch entstand eine kräftige Strömung, die man beim An- und Ablegen beachten musste. Bei unserem üblichen Bad nach dem Festmachen hatten wir eine natürliche Gegenstromanlage. Bei der Anmeldung erhielten wir einen kleinen Hafenflyer und das Passwort für das WLAN. Ein rundum guter Service. Selbst eine Fäkalienentsorgung war hier möglich.

Prägend im Stadtbild ist die Burg, deren älteste Teile auf das frühe 14. Jahrhundert zurückgehen und die zu den am besten erhaltenen Burgen in Mecklenburg zählt. Der Bau des neuen Schlosses unweit des Hafens wurde 1619 begonnen, aber erst 100 Jahre später abgeschlossen. Heute befindet sich im Schloss ein Hotel. Wir spazierten noch eine Weile durch die Stadt und genossen dann in der Abendsonne ein sehr gutes Essen auf der Terrasse des Burgrestaurants mit Blick auf die Reste des Burggrabens. Mit dem entsprechenden Schlüssel vom Hafen gelangten wir über eine Tür unterhalb der Burg unmittelbar zur Steganlage. Die kleine Marina gehört zu den unbedingten Empfehlungen auf diesem Abschnitt der Elde.

Burg am Bootshafen Neustadt Glewe

Video 17: Die Elde bei Neustadt Glewe

Bootsidylle an der Elde

Bootshafen Neustadt Glewe

Kurzbesuch am Schweriner See

Für das Frühstück am folgenden Morgen gab es beim Hafenmeister einen Brötchenservice, den wir gern in Anspruch nahmen. Dazu erhielten wir als Erinnerung an den Hafen eine kleine Tüte mit ein paar Keksen und guten Wünschen für die Fahrt, eine nette Geste, die im Gedächtnis blieb. Die Elde oberhalb von Neustadt-Glewe verläuft nach der Karte durch eine »grüne« Landschaft mit großen Fischteichen auf beiden Seiten des Flusses. In der Praxis ist die Gegend allerdings recht eintönig. Die schnurgeraden Kanalabschnitte wollen kein Ende nehmen. Die Schleuse Lewitz brachte noch einmal etwas Abwechslung. Auf Basis der Anzeige vom Tiefenmesser errechnete ich einen Hub von 3,9 m. Am Eldedreieck mussten wir uns entscheiden. Der Weg östlich an der kleinen Insel vorbei führte weiter auf der Elde bis Plau am See. Westlich verlief der Störkanal bis zum Schweriner See. Wir hatten uns am Abend vorher bereits für den Weg zur Landeshauptstadt entschieden, obwohl wir wussten, dass die Anfahrt wenig Abwechslung bieten würde. Ich hatte aber noch ein spezielles Anliegen am Schweriner See.

Bis Banzkow waren es 11 km und es gab genau eine Biegung im Kanal. An der Schleuse in Banzkow erhielten wir ein Merkblatt zur Müritz-Elde- und Störwasserstraße, da sich die Öffnungszeiten der Hubbrücke in Plate geändert hatten. Diese Änderungen kamen uns ganz gelegen, da sie in unseren Zeitplan passten.

Verkehrstechnisch waren wir am Eldedreieck wieder in der »Zivilisation« angekommen. Auf der Verbindung von Schwerin zu den Mecklenburger Seen war deutlich mehr Betrieb. Die Chartercrews, die von den Großseen kommen und eine Woche auf diesen Gewässern unterwegs sind, entscheiden sich meistens für den Weg nach Schwerin und nicht für die Richtung zum südlichen Dömitz. Die Stadt und das »Märchenschloss« haben eine größere Anziehungskraft, obwohl die Strecke auf der Elde, zumindest unterhalb von Grabow, landschaftlich wesentlich romantischer ist.

Auf dem folgenden Kanalabschnitt gerieten wir zwischen zwei spezielle Boote, die uns schon in der Schleuse von Banzkow auffielen. Vor uns fuhr ein Vater mit seinen beiden Söhnen, die er pausenlos mit Anweisungen und Erläuterungen traktierte. Hinter uns waren zwei ältere Herren unterwegs, die beim Anlegen erhebliche Mühe hatten. Vor der Hubbrücke in Plate mussten wir nacheinander festmachen, da die Brückenöffnung noch ein Stück dauerte. Auf dem Boot vor uns bedienten die Jungs die Leinen, der Vater steuerte. Einem der Kinder gelang es nicht, die Achterleine um den Poller zu legen, wodurch das Heck abtrieb, weil der Bug bereits festgemacht war. Das bescherte dem betrübten Jungen eine Standpauke, worauf dieser zu weinen begann. Nach einigen hektische Bootsmanövern hatten sie das Anlegemanöver schließlich geschafft, die Diskussion setzte sich allerdings fort. Kaum hatte sich die Lage etwas entspannt, kamen die Herren mit dem Boot hinter uns, rammten zunächst eine Dalbe und verkeilten sich dann zwischen zwei weiteren. Hier wurde ebenfalls diskutiert. Es dauerte eine Weile, bis die Crew zur Ruhe gekommen war. Helfen konnten wir nicht, da die frei stehenden Dalben ein Aussteigen unmöglich machten. Ich musste unwillkürlich an die Bemerkungen des Schleusenwärters in Rathenow über die Hausbootfahrer denken. Ungeschickte Manöver passieren jedem einmal. Nehmen Sie es locker, obwohl das manchmal gar nicht so einfach ist. Ein Hausbooturlaub kann eben auch Streitpotenzial enthalten. Für uns war es wie Fernsehen mit zwei verschiedenen Programmen.

Auf dem Schweriner See waren wir dann selbst ein wenig am Diskutieren. Der See ist mit über 52 m recht tief, in Ufernähe und um die beiden Inseln im Südteil des Sees gibt es auch flache Stellen und man muss die Tonnen beachten. Auf dem weitläufigen See mussten wir uns wieder an die weiten Abstände der Markierungen gewöhnen. Da kann man sich leicht verschätzen. Bis Schwerin hatten wir es schon einmal mit dem Boot geschafft, den See bis zum nördlichen Ende zu erkunden, noch nicht. Es war erst Nachmittag und wir nahmen Kurs auf den Außensee. Dieser wird seit 1842 durch den massiven Paulsdamm vom

Innensee getrennt. Der Paulsdammgraben ermöglicht eine schiffbare Verbindung zwischen beiden Seen. Auf dem See waren wir wieder etwas schneller unterwegs, dennoch war es ein ganz schön langer Weg, die fast 25 km Längenausdehnung hinter uns zu bringen. Das Wetter war gut, heiß wie immer, und der See hatte nur leichten Wellengang.

Am Westufer des Außensees hatte ich das besondere Anliegen, vom Wasser auf Schloss Wiligrad zu blicken. Das Schloss stellt wieder die Verbindung zu Marie von Bunsen her, die uns bereits auf der Müritz gedanklich begegnet war. Am Beginn ihrer Tour mit dem Ruderboot 1915 war sie auf dem Anwesen eingeladen und ruderte deshalb zunächst von Schwerin bis in den Außensee. An der kleinen Mole am Ufer unterhalb des Schlosses empfing sie der Herzog Johann Albrecht mit seiner jungen Gattin. Als wir uns vom See dem ehemaligen Schloss näherten, war dieses hinter den Bäumen kaum zu sehen, einen Anleger oder gar eine Mole gab es nicht mehr. Somit braucht man viel Fantasie, um sich den beschriebenen Empfang vorzustellen.

Die Residenz war erst 1896 bis 1898 erbaut worden. Bunsen war beim Herzog ein paar Tage zu Gast. Die Geschichte der Reise mit dem Ruderboot, die Bunsen 1936 veröffentlichte, war mir noch in Erinnerung. An einem Tag ihres Aufenthaltes fuhren sie mit einem Boot zur ehemaligen Mündung des Wallensteingrabens am Nordende des Schweriner Sees. Diese Verbindung war eines der frühen Kanalbauprojekte aus dem 16. Jahrhundert, als man versuchte, eine Schiffsverbindung von der Elbe bis Wismar zu schaffen. Später wurde der Kanal wieder aufgegeben, heute ist er bei ausreichend Wasser streckenweise mit muskelbetriebenen Booten befahrbar.

Wir fuhren bis zur Marina von Bad Kleinen, nördlich der Insel Lieps und vorbei an »Horst«, einer winzigen Insel. Damit hatten wir das nordwestliche Ende des Hausbootreviers erreicht. Wie an den meisten Marinas waren auch hier die Gastliegeplätze nicht eindeutig ausgewiesen. Auf der einen Seite wollen die Hafenmeister nicht, dass man die Eignerplätze belegt, schildern aber die Gastliegeplätze nicht sichtbar aus. Ein Problem, dem wir immer wieder begegneten. Deshalb machten wir an einem freien Platz am Außensteg fest, auch wenn dieser durch vorbereitete Leinen darauf hindeutete, dass es sich um die Box eines Dauerliegers handelte. Nach der Abstimmung im Hafenbüro konnten wir jedoch bleiben, der Eigner war gerade auf Urlaubstörn.

Diesmal verzichteten wir auf das Bad von der Badeplattform des Bootes und gingen die wenigen Meter zum nahen Strandbad. Der Naturstrand unterhalb eines Wiesenhanges und der große Badesteg im Wasser waren gut besucht. Oberhalb der Wiesen befand sich ein Restaurant mit Terrasse. Nach dem Baden gönnten wir uns ein Eis und vertrödelten den Abend am Strand und später auf dem Boot, immerhin lagen über 50 km hinter uns.

Oberhalb des Hafens und Strandbades erstreckt sich ein ausgedehntes Bahngelände. Bad Kleinen erhielt bereits 1848 einen Bahnanschluss und ist bis heute ein wichtiger Bahnknotenpunkt. Hier lagen wir wieder auf Kurs mit unseren Hausbootvorfahren. Doughty besuchte auf dem Weg zur Müritz auch den Schweriner See. Da er mit seinem Boot in der Schweriner Bucht so viel Aufsehen erregte und Schaulustige anzog, suchte er in Bad Kleinen etwas Ruhe und reiste von hier mit dem Zug nach Wismar, Rostock und Lübeck. Zuvor hatte er das Schweriner Schloss besucht, wo einige Palasträume bei Abwesenheit des Großherzogs für das Publikum geöffnet waren.

Für den Rückweg benötigten wir am folgenden Tag knapp zwei Stunden und legten am Vormittag beim Seglerverein in Schwerin an. Hier waren wir vor fast zehn Jahren schon einmal. Es ist zweifellos ein Erlebnis und ein Abenteuer, Neues und Unbekanntes zu entdecken. Es ist aber ebenso reizvoll, an bekannte Ort zurückzukehren. Man fühlt sich gleich heimisch und man kann die inzwischen vergangene Zeit nochmals vorbeiziehen lassen. Damals begleiteten uns noch die Kinder. Diesmal fragten wir uns, wie schnell die Jahre verstrichen waren. Grund genug, die Eindrücke besonders bewusst zu erleben.

Störkanal

Auf dem Paulsdammgraben zum Schweriner Außensee

Anfahrt zum Schweriner Schloss

Blick durch den steinernen Bilderrahmen von der Schlosshalbinsel auf den Schweriner See

Von den vorderen Liegeplätzen am Gästesteg hatten wir einen Blick auf die Turmspitzen des Schlosses. Bei der Anfahrt von Norden mussten wir vor der Stadt einige Untiefen beachten. Diese sind aber gut betonnt. Der Schweriner Segler-Verein von 1894 e.V. hat eine lange Tradition. Die Anfänge reichen bis in die Kaiserzeit zurück. Die Lage ist sehr günstig in unmittelbarer Nähe zum Schloss und zum Stadtzentrum.

Meistbesuchter Anziehungspunkt in Schwerin ist sicher das Schloss, welches nicht zu Unrecht den Beinamen »Märchenschloss« trägt. Im Jahr 1160 eroberte Heinrich der Löwe die Burg der Slawen, die auf der Insel im See stand. In der Zeit der Renaissance wurde an dieser Stelle ein großes Schloss gebaut, das als Herrschaftssitz diente, bis der Hofstaat nach Ludwigslust umzog. Das heutige Schloss entstand Mitte des 19. Jahrhunderts im Auftrag von Friedrich Franz II., der bereits mit 19 Jahren Großherzog wurde. Baulich ist es dem romantischen Historismus zuzuordnen und im Stil französischer Renaissanceschlösser erbaut. Schweren Schaden nahm die Residenz bei einem Brand im Jahr 1913. Nach 1990 wurden weitere Millionen in die Sanierung investiert. Neben den Museumsräumen mit einer umfangreichen Kunstsammlung ist das Schloss heute Sitz des Landtages von Mecklenburg Vorpommern.

Das Petermännchen war über Jahrhunderte der Schlossgeist als Hüter und Wächter des Schlosses. Er soll in den Kellergewölben gehaust haben und durch unterirdische Gänge zu seinen Werkstätten im Pinnower Petersberg auf der anderen Seeseite gelangt sein. Heute erinnert der Name der Personenfähre auf dem Pfaffenteich in der Stadt an den gutmütigen Kobold. Die Fähre kreuzt in den Sommermonaten für zwei Euro pro Erwachsenen zwischen vier Anlegestellen auf dem See, die je nach Wunschziel der Fahrgäste angefahren werden. Seit 1879 gibt es schon einen Fährverkehr auf dem See, damals noch mittels Ruderboot. Das heute genutzte Schiff wurde 1924 als Spreewaldfähre gebaut und verkehrt seit Mitte der 1950er Jahre auf dem Pfaffenteich.

Allein im Schloss und dem angrenzenden Garten lässt sich viel Zeit verbringen. Vielleicht gehen Sie lieber in der Stadt shoppen, besuchen weitere Bauwerke, wie den 117 m hohen Dom oder relaxen auf den

Wiesen und Terrassen um die Schlossinsel. Schwerin ermöglicht Unterhaltung und Abwechslung für mehrere Tage. Bei längeren Aufenthalten bieten die zwölf Seen im Umland mit zahlreichen Parkanlagen eine reiche Auswahl für Naturliebhaber, Wanderer und Radfahrer. Die Bundesgartenschau 2009 hat der Stadt einen bis heute sichtbaren Aufschwung gegeben.

Nach einem ausgiebigen Stadtrundgang verbrachten wir den Nachmittag und Abend entspannt auf dem Boot. Dazu gehörte auch ein Bad im Schweriner See. Der Vorteil des Seglervereins ist die Nähe zur Schlossinsel, sodass wir in der Abenddämmerung nochmals einen Spaziergang dorthin unternahmen, um das Schloss in der abendlichen Beleuchtung zu erleben.

Schloss Schwerin

Video 18: Schweriner Gewässer

Von Schwerin bis Plau am See

Nächstes Tagesziel war Parchim und es ließ sich nicht mehr verdrängen, dass die Tour allmählich dem Ende entgegenging. Wie immer auf unseren Hausboottouren wären wir gern länger unterwegs gewesen. Diesmal vermittelten die intensiven Erlebnisse der vergangenen drei Wochen jedoch das Gefühl einer sehr langen Reise und vor uns lagen zwei weitere Tagestouren. Bis Parchim waren es reichlich 40 km und am letzten Tag bis Plau am See nochmals etwas über 50 km und insgesamt neun Schleusen. Das war eine ordentliche Strecke, auf der viel passieren konnte. Wir befanden uns also noch mitten drin in unserem Abenteuer.

Den recht eintönigen Störkanal passierten wir ohne Zwischenfälle oder aufregende Erlebnisse. Das letzte Kanalstück vor dem Eldedreieck erinnerte mit einer langen Baumallee ein wenig an das Flair französischer Kanäle. Zurück auf der Elde wurde die Strecke wieder etwas abwechslungsreicher mit einem flussartigen Verlauf. Um den Rastplatz am Fischerdamm in Parchim zu erreichen, mussten wir zunächst die Stadtschleuse passieren und ein Stück danach in einer spitzen Kehre auf einem Arm der Elde zurück bis zum Anleger fahren. An der Kaimauer gab es bis zum Ende des Seitenarms reichlich Auswahl an Liegeplätzen. Alte Weiden und viel Grün säumten den Hafen. Die Sanitär- und Serviceeinrichtungen konnte man nur mit speziellen Chips nutzen, die ein Automat am Sanitärtrakt gegen 50-Cent-Stücke ausgab. Auch hier war unsere kleine Hardgeldbörse von großem Vorteil, die noch einige Reserven mit dem richtigen Betrag bereithielt. Später begegnete mir eine Frau, die in Anbetracht eines Bedürfnisses verzweifelt nach einer Wechselmöglichkeit ihrer Euro-Münzen suchte. Leider hatten wir die Börse bereits auf dem Boot verstaut.

Die Anfänge Parchims reichen bis in das 12. Jahrhundert zurück. Wie so häufig, teilt sich auch diese Stadt in eine Altstadt mit der Georgenkirche und eine Neustadt mit der Marienkirche, deren massiver Turm sich bei der Anfahrt im Hafenwasser spiegelte. Parchim lag an der Kreuzung von Handelswegen auf der Elde und einer wichtigen Handelsstraße von Brandenburg zur Ostsee. Dadurch nahm die Stadt einen frühzeitigen Aufschwung zur mächtigsten Handelsstadt in Mecklenburg. Im 16. und 17. Jahrhundert veränderte sich jedoch der Fernhandel, was sich wirtschaftlich negativ für die Stadt auswirkte. Dazu kamen große Stadtbrände, die fast den gesamten Bestand an Wohnhäusern vernichteten und letztlich der Dreißigjährige Krieg mit einer Pestepidemie, die allein mehr als die Hälfte der Stadtbewohner dahinraffte. Erst ab dem 19. Jahrhundert ging es wieder aufwärts mit stetig steigenden Einwohnerzahlen. Das Gymnasium besuchten eine Zeit lang der Lyriker und Dramatiker Erich Mühsam und der Mundartschriftsteller Fritz Reuter, der uns bereits auf der Festung in Dömitz begegnet war.

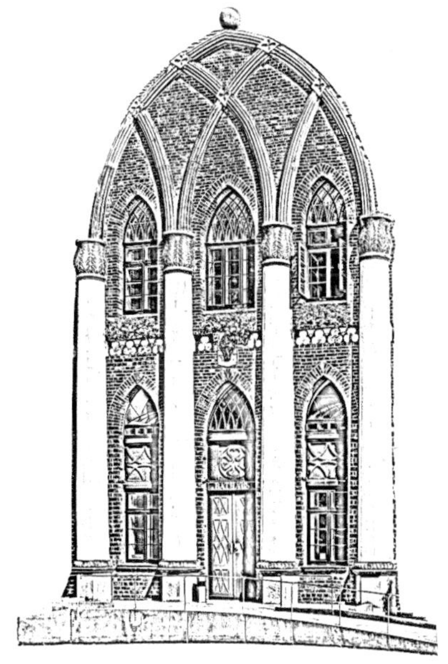

Detail vom Rathaus in Parchim

Video 19: Auf der Elde bis Parchim

Parchim am Schuhmarkt

Rastplatz am Fischerdamm Parchim

Die Elde hat sich trotz zahlreicher Begradigungen einen Flusscharakter erhalten

Elde zwischen Parchim und Lübz

Heute ist Parchim eine sehenswerte kleine Stadt mit schönen Fachwerkhäusern, Plätzen und Gassen. Wir bummelten durch die Altstadt und kauften ein Eis am Schuhmarkt mit Blick auf das heutige Hotel »Zum Kaiserliche Postamt«. Das imposante, einzeln stehende Rathaus trennt den Schuhmarkt vom alten Markt. Gleich nebenan steht die St. Georgenkirche. Die großen Gebäude sind eindrucksvolle Backsteinbauten. Wir hätten gern mehr Zeit hier verbracht. Um alle Städte an den Ufern dieser Hausbootrunde zu erkunden, sind drei Wochen eindeutig zu wenig. Wir mussten uns mit dem kurzen Eindruck begnügen. Später am Abend besuchten wir noch das Moltke-Denkmal am gleichnamigen Platz. Am Geburtshaus von Generalfeldmarschall Helmuth von Moltke waren wir am Nachmittag bereits vorbeigekommen. Er war mit Bismarck einer der prägenden Figuren bei der deutschen Reichsgründung.

Auf dem Rückweg blieben wir im Biergarten des Irish Pubs »hängen«. Das Guinness gab es hier mit einem Gratisblick auf den idyllischen Hafen und die Boote. Die späte Abendsonne verlieh dem Hafenambiente einen orangeroten, warmen Farbton. Die große Weide am gegenüberliegenden Ufer wurde allmählich zur Silhouette vor den Himmelsfarben des Sonnenuntergangs. Unter den Weidenruten hatte ein kleines Boot festgemacht, auf dem wahrscheinlich der Großvater mit seinem etwa zehnjährigen Enkel mit dem Abendessen beschäftigt waren. Ich weiß nicht, ob sie tatsächlich allein reisten, aber es hatte den Anschein, dass der Junge in den Ferien den Großvater auf dessen Bootsreise ein Stück begleitete. Es war eine schöne Vorstellung, so generationsübergreifend vielleicht einmal später die eigenen Enkel mitnehmen zu können. Sicher für beide Seiten eine bleibende und lehrreiche Erfahrung.

Der letzte Tag unserer Reise war der 20. Juli, ein Freitag. Bei Sonnenschein konnten wir nochmals ausgiebig am Ruder stehen und die Elde östlich von Parchim mit all ihren Reizen eines lieblichen Flussverlaufs genießen. Die Bilder wollten wir möglichst lange im Gedächtnis bewahren. Der Ausbau der alten Elde hat den Fluss zu einem sicheren und schiffbaren Wasserweg gemacht. Es wurden viele Eldeschleifen begradigt, dennoch blieb der Flusscharakter erhalten. Manche gerade Strecken waren beidseits von grünen Wänden aus hohen Bäumen eingefasst. An anderen kurvenreichen Abschnitten grenzten gepflegte Wassergrundstücke und schöne Rastplätze an den Fluss. Die letzten großen Ausbaumaßnahmen erfolgten vor etwa einhundert Jahre und die Natur hatte inzwischen dem neuen künstlichen Verlauf ein natürliches Aussehen zurückgegeben. Wer einen besonders abgeschiedenen Liegeplatz sucht, dem sei der Anleger Burow, einige Kilometer vor Lübz empfohlen. Der Steg liegt am Ende eines Eldearms mitten in der Natur, bietet allerdings keine Versorgungseinrichtungen am Wasser. Vor Jahren hatten wir hier schon einmal übernachtet und am nächsten Morgen frische Brötchen im winzigen Ort erwerben können. Diesmal fuhren wir nur bis zum Anleger, um zu schauen, ob es diesen Platz noch gibt. Ein Boot lag bereits dort. Uns schien es, als wären wir erst vor kurzer Zeit hier gewesen. Bei der Anfahrt sollten Sie vorsichtig navigieren. Der Nebenarm ist stark verkrautet und sehr flach, wundern Sie sich also nicht, wenn Sie später den Propeller durch einige kräftige Schübe nach vorn und zurück von den Pflanzen befreien müssen.

Die ländliche Umgebung war schon immer typisch für diese Gegend Mecklenburgs. Früher war das sehr zum Leidwesen für den Schiffs- und Floßverkehr auf der Elde. Ich habe in meinem Reisebericht öfter Bezug zu den Fahrten von Doughty, Marie von Bunsen und Forester genommen. Auf ihrem Weg von Schwerin zu den Seen Mecklenburgs mussten sie alle drei auf der Elde reisen, jeder für sich mit seinen individuellen Problemen. Ich fand es immer wieder spannend, wie sich der Wasserweg und die Erlebnisse auf den Reisen in den Berichten veränderten. Unsere große Herausforderung lag in Form der Elbe bereits hinter uns und wir hegten die realistische Hoffnung, nun auch den letzten Tag ohne Havarien zu erleben.

Doughty war 1890 der erste von den drei Bootsfahrern, der mit einem immerhin 16 m langen Segelboot den Weg von Schwerin, die Elde aufwärts, meisterte. Für ihn war die größte Herausforderung der Fluss selbst, der zu seiner Zeit weitestgehend im ursprünglichen Flussbett mit einer geringen Tiefe und einer Vielzahl von Windungen und Biegungen durch die Wiesen und Wälder floss. Wohl gab es bereits im 19. Jahrhundert Maßnahmen für den Ausbau, diese konzentrierten sich jedoch auf den Abschnitt südlich des Eldedreiecks bis Dömitz. Auf der Strecke bis Plau am See war die Elde ein »landschaftlich attraktiver Fluss« aber als Schifffahrtsverbindung »unter aller Würde«, wie sich Doughty ausdrückte. Ihm begegneten zahlreiche Flöße, die von den Flößern langsam und mühevoll mit der Strömung flussabwärts gesteuert wurden. Stromaufwärts zogen Menschen in schwerster Arbeit beladene Kähne. In Lübz hatte er beim Schleusen keine Probleme, aber der Schleusenwärter war sehr unfreundlich und hatte Bedenken, das Boot könnte die Schleuse beschädigen. Die Elde war zur damaligen Zeit schwierig zu befahren. Sie war nicht nur an vielen Stellen besonders flach, sondern Steine und Stromschnellen erforderten eine sorgfältige und langsame Navigation. Auf die größte Herausforderung traf Doughty östlich von Lübz, als mehrere Sandbänke im Fluss die Weiterfahrt verhinderten. Einige Untiefen überwand die Crew aus eigener Kraft, an einer besonders flachen Stelle kamen sie jedoch nicht weiter. Es schien, als müsste er nach fast 1000 km Anreise seinen Traum, auf den großen Mecklenburger Seen zu segeln, nur wenige Kilometer davon entfernt aufgeben. Er blieb hartnäckig und konnte zwei Tage später den Schleusenwärter der nächsten Schleuse dazu bringen, so viel Wasser durchzulassen, dass sie wieder flott kamen.

Marie von Bunsen war auf ihrer Reise im Jahr 1915 mit einem Ruderboot unterwegs, mit dem sie bei flachen Stellen keine Probleme hatte. Ihr Boot mit dem zeltähnlichen Aufbau konnte man freilich nur bedingt als »Hausboot« bezeichnen, umso erstaunlicher war die Reise selbst, bei der sie allein und nur mit eigener Muskelkraft vorwärtskam. An der Schiffbarkeit der Elde hatte sich seit Doughty´s Zeiten nicht viel geändert. Auch Bunsen begegneten mehrere Flößer auf ihren zusammengebundenen Stämmen mit den primitiven Unterkünften darauf. Da sie zu Kriegszeiten reiste, war ihre Unternehmung umso ungewöhnlicher. Auf dem Störkanal kündigte man ihr an, dass Bauarbeiten an einem Damm die Durchfahrt verhindern würde. Sie ließ sich davon nicht beirren. Ein Stück weiter, war der Wasserweg tatsächlich gesperrt. Sie konnte aber ihr Boot für zwei Mark von einem Trupp russischer Gefangener umtragen lassen. An einer späteren Schleuse hielt man sie fast für eine Spionin, weil eine allein reisende Frau ungewöhnlich und verdächtig war. In Lübz wurde ihr im Gegensatz zu Doughty´s Erfahrungen vom Schleusenwärter sehr freundlich geholfen. Wahrscheinlich war der Schleusendienst an die nächste Generation übergeben worden, schließlich waren 25 Jahre vergangen. Zu ihrer Reiseliteratur gehörten übrigens auch Werke von Fritz Reuter, der uns ebenfalls schon mehrfach begegnet war.

Der Dritte im Bund, Forester, hatte 1929 wiederum ganz andere Probleme. In Parchim streikte sein Motor und er musste einen Monteur aus der Stadt holen, der ihm behilflich war. Ärgerlich war für ihn auch der Umstand, dass seine in Preußen teuer erkauften Schleusenscheine in Mecklenburg keine Gültigkeit hatten und er nochmals zwischen 40 Pfennige und 1,50 Mark an jeder Schleuse bezahlen musste. Die Müritz-Elde-Wasserstraße hatte man inzwischen weiter ausgebaut und für die Schifffahrt deutlich verbessert. Forester´s große Herausforderung war die Schleuse Lübz, die tatsächlich im Bau und damit unpassierbar war. Sein Weg bis zur Stadt war deshalb von den gutmütigen und permanenten Hinweisen begleitet, dass doch die Schleuse in Lübz gesperrt sei und er dort nicht weiter käme. Seine Weiterfahrt löste regelmaßig Unverständnis aus, weil er die Ratschläge ignorierte. Das Problem an der Schleuse konnte er dann recht einfach und innerhalb von zwei Stunden lösen. Für acht Mark ließ er das Boot von Helfern aus der umstehenden Menge auf die andere Schleusenseite transportieren und dort wieder einsetzen. Das war der Vorteil eines kleinen Bootes, wir hätten das nicht vollbringen können. Ohne dass er es wahrscheinlich jemals erfuhr, hatte er bei der Rückreise von Schwerin bereits auf dem Störkanal Glück. Er befuhr diesen Kanal im Juni. Einen Monat später rammte ein Schiff einen Brückenpfeiler bei Plate und der Wasserweg wurde wegen Reparaturarbeiten eine längere Zeit für den Verkehr gesperrt.

So hatte jeder Bootsfahrer seine eigenen Herausforderungen zu meistern. Es war damals ein Abenteuer und kann das auch heute noch sein. Alle drei hatten die Warnungen ignoriert und fuhren unbeirrt weiter. Das erinnerte mich an unsere Sturheit auf der Elbe. Nach deren gelungener Befahrung waren wir in den späteren Gesprächen »das Boot, das noch über die Elbe gekommen war«. Falls Sie einmal in eine ähnlich missliche Lage kommen sollten, denken Sie an diese Reisen, irgendwie gibt es immer eine Lösung. Zumindest haben die Fahrten nach den originalen Berichten einen erfolgreichen Fortgang und einen glücklichen Ausgang genommen.

Mit den abschweifenden Gedanken hatten wir gegen Mittag Lübz erreicht und machten für eine Rast im großen, von Bäumen eingefassten Hafenbecken der Stadtmarina unmittelbar am Stadtzentrum fest. Selbst bei wenig Zeit kann man hier festmachen und der hübschen Kleinstadt mit vielen Fachwerkhäusern und gepflegten Gassen einen Kurzbesuch abstatten. Besonders markant ist der Amtsturm, ein letzter Rest der alten Eldenburg aus dem 14. Jahrhundert. Der kleine Turm ist nicht nur Wahrzeichen der Stadt, sondern auch der Brauerei und prangt auf jeder Flasche des weithin bekannten Lübzer Bieres. Hier wird schon seit 1877 gebraut und nicht zu knapp. Heute sind es jährlich über einhundert Millionen Liter. Bevor wir allerdings ein solches Bier öffnen konnten, lag nochmals ein richtiges Stück »Arbeit« von 25 km Strecke und vier Schleusen vor uns, die letzte davon erst am Ziel in Plau am See. Somit bestimmte deren Öffnungszeit bis 19:30 Uhr unseren Ankunftstermin, möglichst eine halbe Stunde vorher. Hatten wir uns etwa für die Schlussetappe zu viel vorgenommen?

Eine Notreserve gab es noch. Falls wir es nicht rechtzeitig durch die Schleuse schaffen sollten, konnten wir das letzte Stück am Samstag früh absolvieren. Das würde zwar unserem Vermieter mit seinem Zeitplan nicht gefallen, eine Katastrophe wäre es aber nicht. Er erwartete uns für das Auftanken am Freitagabend und der Abwassertank musste vor der Rückgabe auch noch leergepumpt werden.

Nach der Mittagsrast brachten wir die Schleuse in Lübz schnell hinter uns, in Bobzin hatten wir dagegen Pech. Die Tore schlossen kurz vor unserer Ankunft. Das passierte natürlich ausgerechnet an der höchsten Schleuse Mecklenburgs, denn diese hatte einen Hub von etwa sieben Metern, was den Vorgang reichlich in die Länge zog. Zeit genug, ein wenig zuzuschauen. Die Schiffe hoben sich nur langsam aus der Tiefe der Schleusenkammer. Auch unser eigenes Boot wirkte, beim Blick von der Brücke auf die Elde hinunter, geradezu winzig. Zwischen den Schleusen Bobzin und Barkow kamen wir am idyllischen Wasserwanderrastplatz »Kuppentin-Bermudadreieck« vorbei. Ein langer Steg lag vor einer grünen Wiese mit Platz für Camper, Wohnmobile und einem parkähnlichen Baumbestand. Die geraden Flussabschnitte vor und nach dem Rastplatz kürzen eine große Schleife der alten Elde ab. Von hier ließe sich der ehemalige Flussverlauf erkunden. Die alte Schleuse beim Forsthaus Kuppentin ist nur 20 Minuten Fußweg entfernt. Auch die Dorfkirche in Kuppentin gehört zu den ältesten in Mecklenburg und geht auf das 13. Jahrhundert zurück. Wir mussten es allerdings bei der theoretischen Kenntnis belassen und einen Besuch auf eine spätere Reise verschieben, vielleicht ein Grund, irgendwann erneut hierher zu kommen.

Rechtzeitig am frühen Abend machten wir vor der Schleuse in Plau fest. Durch einen Anruf öffneten sich kurz darauf die Tore zur Einfahrt. Am Gastanleger Strandstraße zwischen Schleuse und Hubbrücke gab es Liegeplätze in einem ruhigen und schönen Ambiente. Für einen Stadtbesuch sind diese ideal. Da wir zurück zur Basis in der Marina Plau am See wollten, fuhren wir gleich bis zur Hubbrücke vor, die von der Schleuse mit gesteuert wird. Hier setzte sich aber nichts in Bewegung.

Nach einer Weile rief ich erneut bei der Schleusenwärterin an. Ich hatte mich nicht klar ausgedrückt, dass wir auch eine Öffnung der Brücke benötigten. Zum Glück war noch ausreichend Zeit dafür. Die blaue Brücke aus dem Jahr 1916 ist eine bauliche Rarität, ein beliebtes Fotomotiv und sie hat von den Hubbrücken in Mecklenburg den höchsten Hub. Bis Anfang der 90er Jahre erfolgte die Steuerung aus dem kleinen Holzhaus auf der Brücke. Seit der Rekonstruktion wird sie von der Schleuse fernbedient. Hier kann man sicher sein, immer Zuschauer zu haben.

Nach der Durchfahrt kamen wir an mehreren Gaststätten vorbei. Hinter der Straßenbrücke folgten Liegeplätze auf beiden Seiten und lange Reihen bunter Bootshäuser. In der Abendsonne zeigte sich der Ort im maritimen Flair. Direkt an der Ausfahrt zum See steuerten wir den Hafen »Am Leuchtturm« an, da es hier eine Absauganlage gab. Diese befand sich ausgerechnet an der letzten und innersten Box des Hafenbeckens und erforderte einige Wendemanöver bis wir das Boot in der richtigen Position hatten. Das Leerpumpen des Abwassertanks verlief ohne Probleme. Dann noch ein kurzer Spaziergang zum kleinen Leuchtturm vorn an der Mole. Die Aussichtsplattform kann kostenfrei begangen werden.

Leuchtturm in Plau am See

Video 20: Von Lübz bis Plau am See

Danach fuhren wir auf den See hinaus. Um zur Marina Plau am See, dem Heimathafen unseres Bootes zu kommen, mussten wir entlang der Betonnung einen größeren Bogen auf dem See fahren. Nach dem rückwärtigen Anlegen im engen Hafenbecken hatte die aktive Navigation der Reise ein glückliches Ende genommen.

Wenig später kam der Vermieter, Herr Wallmüller mit Auto, Anhänger und mobiler Tankstation. Nach einem kurzen Austausch zu unserer Tour wurde das Boot betankt, die Rückgabe war für den folgenden Morgen vereinbart. Es war Abend, wir waren hungrig und geschafft von der Tagesetappe. Das war allerdings kein Grund, die letzten Stunden nicht nochmals gebührend zu begehen. Zunächst erforderte der Fußweg bis in den Ort die Überwindung der eigenen Trägheit. Plau ist ein schönes Fachwerkstädtchen mit verwinkelten Gassen und wir hätten es bereut, wenn wir hier nicht noch ein wenig entlang spaziert wären. Im Restaurant »Fackelgarten« saßen wir dann »in der ersten Reihe«, mit Blick auf die Hubbrücke und die vorbeifahrenden Boote. Bis wir dort einen freien Tisch bekamen, durften wir zunächst auf den Liegestühlen direkt an der Wasserkante warten. Das Restaurant war restlos voll, alle hatten reserviert, außer uns natürlich. Hier, nur wenige Zentimeter über der Elde, ließ es sich aushalten. Wir bestellten einen Aperitif und beobachteten die Geschäftigkeit am und auf dem Wasser. Es herrschte regelrechtes Großstadttreiben. Einige Skipper hatte das Bedürfnis, ihre Yacht hier noch vorbeizufahren und zu präsentieren, ein »Musikboot« schipperte mit lauter Musik und lustigen Gästen zweimal vorbei. Es war der perfekte Ausklang einer sehr langen Reise, die wir bis zur letzten Minute mit Erlebnissen füllen konnten und die bis zuletzt spannend blieb. Am späten Abend traten wir gesättigt und beschwingt den Rückweg zur Marina an.

Amtsturm in Lübz

Anfahrt zur Hubbrücke in Plau am See

Plau am See

Leuchtturm vor der Ausfahrt auf den Plauer See

Es erübrigt sich zu erwähnen, dass wir abends keine Motivation mehr für das Packen der Sachen aufbrachten. Am Morgen fiel das leichter, wenn auch mit etwas Wehmut. »Unser« Boot war vertraut geworden. Die Auf- und Abstiege zum Salon im Vorschiff und zur Heckkabine waren bekannte Wege, seltener stießen wir an den hervorstehenden Teilen bei den schmalen Laufgängen an, die anfänglichen »blauen Flecke« verblassten allmählich. Ein Boot kann nicht perfekt sein, es ist immer ein Kompromiss. Die »Time-out« wird beworben als Boot für Freiluft-Fans. Diesen Anspruch hat sie voll erfüllt und in einem solchen Sommer war das ein entscheidendes Kriterium. Das Boot ließ sich sehr gut fahren, hatte einen günstigen Tiefpunkt und reagierte schnell und direkt auf Steuermanöver. Die Empfindlichkeit gegenüber Seitenwellen spürten wir nur bei Wellengang auf den Seen oder bei vorbeifahrenden Sportbooten. Großer Pluspunkt der formschönen und schnittigen Yacht war der Schiffsdiesel, der unter dem Fahrstand recht leise und vor allem sehr sparsam seinen Dienst verrichtete. Knapp 2,6 Liter pro Stunde im Durchschnitt waren bei 92 Motorstunden rekordverdächtig. Mit dem Verbrauch pro Strecke darf man ein Boot freilich nicht mit einem PKW vergleichen. Bei den zurückgelegten 900 km sind das etwa 26 Liter auf 100 km. Auf dem Wasser ein guter Wert. Bei großen Yachten sind für diese Entfernung mehrere einhundert Liter keine Seltenheit. Damit habe ich gleich ein wenig Statistik geliefert. Dazu gehört auch die Anzahl von 51 Schleusen, die wir passierten.

Am nächsten Morgen ging alles recht schnell. Unsere Sachen mussten nur ins Auto, egal wie und in welcher Form. Das ist deutlich einfacher als die Auswahl vor der Reise. Die Prüfung des Bootes bei der Rücknahme fiel sehr gründlich aus, selbst eine Kontrolle des Propellers mit Unterwasserkamera gehörte dazu.

Nach einer freundlichen Verabschiedung hatten die Wallmüllers als Familienunternehmen einen harten Arbeitstag vor sich, es war Wechseltag in der Hochsaison, wir waren nicht das einzige Boot, das zurückgegeben wurde. Unsere Auszeit auf dem Wasser war für diesen Urlaub leider zu Ende.

Nachwort

Einem Archiv gleich, haben wir eine ganze Weile benötigt, um die Erlebnisse geistig zu ordnen und zu verarbeiten. Erst die Aufbereitung der Bilder und Videos hat den Umfang der Eindrücke fassbar gemacht. Durch das langsame Vorankommen auf dem Wasser nimmt man wesentlich mehr Dinge wahr, als beim schnellen Reisen mit Auto oder Zug, wo hauptsächlich die Endpunkte einer Strecke im Gedächtnis bleiben und bedeutend erscheinen. Das ist wohl auch ein Grund für die Faszination einer Bootstour, die Wahrnehmung von Details, die häufig in unserer schnelllebigen Zeit verloren gehen und keine Beachtung erfahren. Die Angst früher Reisender, mit den bis dahin unvorstellbaren Geschwindigkeiten der Eisenbahn wesentliche Dinge des Lebens zu verpassen, war nicht ganz unbegründet. Wir haben uns heute nur daran gewöhnt, meist zählt nur das Ziel am Ende der Reise, der Weg wird ausgeblendet und geht im Fall einer Flugreise nahezu gänzlich verloren. Beim Bootfahren und bei vergleichbaren anderen Fortbewegungsformen werden Entfernungen wieder greifbar, die Größe einer Landschaft zur realen Vorstellung und Einzelheiten rücken in das Blickfeld. Manchmal sind es die Palisaden einer Uferbefestigung, das Grün einer sorgfältig gepflegten Wiese, die überhängenden Zweige der Bäume, ein bewegungslos verharrender Graureiher, der freundlich grüßende Skipper eines vorbeifahrenden Bootes. Die Liste scheint endlos und jedes Element wird zur Erfahrung und zur Erinnerung.

Ein Goethe-Zitat besagt, »Man erblickt nur, was man schon weiß und versteht«. Unter diesem Aspekt hoffe ich, dass der Reisebericht dazu beiträgt, eine Vorinformation zu schaffen. Den persönlichen Blick auf die Feinheiten der Natur, der Landschaft und der Menschen, die man trifft, kann man damit nicht ersetzen. An einigen Orten unserer Reise waren wir bereits gewesen und wir haben es genossen, die gleichen Bilder erneut zu sehen oder um weitere Entdeckungen zu ergänzen. Somit war die Tour nicht nur ein Erlebnis, sondern eine persönliche Erfahrung, die durchaus auch in den Grenzbereich des Leistbaren kam.

Aber Grenzen wahrzunehmen ist eine wertvolle Erkenntnis, die in unserer Gesellschaft der scheinbar unbegrenzten Möglichkeiten, in der sich Wertigkeit nur auf Erfolg bezieht, häufig verloren geht. Deshalb soll der Reisebericht im Idealfall den Wunsch und den Mut zur eigenen Entdeckung entfachen.

Wie herausfordernd dieser Entdeckerdrang werden darf, muss jeder selbst abschätzen. Eine Bootsfahrt gehört zweifellos zu den wenig gefährlichen Reisearten. Unbekanntes birgt jedoch immer Risiken, ob aus Unkenntnis, Unvernunft oder Größenwahn. In unserem Fall war es die Fahrt auf der Elbe und die Schleuse in Dömitz als Übergang zu den sicheren Gewässern der Elde. Bedrohlich für Leib und Leben war dies nicht, wohl aber wirtschaftlich, wenn wir das Boot in der Elbe auf Grund gesetzt hätten oder im Dömitzer Hafen nicht weiter gekommen wären. Wann hört die Vernunft auf und wann wird fester Wille zu sturer Unvernunft? Wie erkennt man die Grenzen? Die Antworten muss jeder selbst finden, sie sind der Preis für die gewählte Freiheit und Eigenverantwortung eines solchen »Abenteuers«.

Bereits Anfang Juli sanken die Pegel der Elbe so stark, dass wir nicht durch die Schleuse in Dömitz gekommen wären. Bei einer besseren Vorbereitung hätte uns das klar sein müssen. Wir fuhren am 15. Juli auf der Elbe, dem ersten Tag, an dem der Pegel etwa 20 cm zulegte und in Dömitz 50 cm überstieg, was uns die Passage durch die Schleuse ermöglichte. Drei Tage hielt dieses kleine »Hochwasser« an. Danach sank das Wasser auf historische Tiefstände, die sogar Werte von 1947 unterschritten. Am 10. Dezember erreichte der Pegel erstmals wieder den Stand von Mitte Juli. Das Boot, das damals in Dömitz neben uns lag und dessen Skipper ebenfalls zur Müritz wollte, hat die Einfahrt in die Schleuse nicht gewagt. Eine spätere Auskunft des Hafenmeisters bestätigte, dass es im November immer noch im Hafen lag. Nicht auszudenken, wenn uns das auch passiert wäre.

Unter diesen Fakten würde ich eine solche Reise beim nächsten Mal besser vorbereiten, um das Seefahrerglück nicht gar so stark herausfordern zu müssen. Die besondere Wassersituation in der Elbe war für uns zum Glück nur ein kurzer »Aufreger«. Das extreme Niedrigwasser war sicher ein Einzelfall, der sich hoffentlich nicht gleich wiederholt. Es bestehen aber reale Risiken, die wesentlich häufiger auftreten können. Ich denke zum Beispiel an Havarien in Schleusen, die dann für längere Zeit unpassierbar sind und für die es keine Umfahrung gibt, wie uns das bei der Schleuse Spandau möglich war. Der Schrägaufzug in Arzviller in Frankreich musste wegen einer Havarie 2013 für fast ein Jahr gesperrt werden und fiel nach kurzer Betriebszeit für einen Großteil der Saison 2014 ebenfalls aus. Die Ausfälle teilten den Rhein-Marne-Kanal in zwei getrennte Reviere. Auch die große Runde ist 2019 unmittelbar von einer Schleuseninstandsetzung betroffen. Die Schleuse Zaaren wird voraussichtlich bis Ende Juli instandgesetzt.

Bei längeren Reisen mit derartigen Risiken ist es sinnvoll, über zusätzliche Versicherungen nachzudenken, insbesondere um Ansprüche des Bootsvermieters abzufangen, wenn er das Boot nicht pünktlich zurückbekommt und weitervermieten kann. Man spricht hier von einer Charter-Folgenschadenversicherung, die sowohl die gesetzliche Haftung und die vertragliche Vereinbarung mit dem Vercharterer einschließen sollte. Die wesentlichen Punkte stehen wie immer im Kleingedruckten, was man prüfen muss, um im Schadensfall tatsächlich abgesichert zu sein. Auch eine Skipper-Haftpflichtversicherung ist eine häufig genutzte Police, wenn Sie einen eigenverschuldeten Schaden absichern wollen.

Am Ende empfanden wir unsere Fahrt wie eine kleine Weltreise, bei der die Anfänge so lange zurücklagen, dass wir uns bemühen mussten, die Einzelheiten nochmals ins Gedächtnis zu rufen. Da war die Weite der großen Seen und die Vielfalt der Kleinseen, die Natürlichkeit des Havelverlaufs und die Geradlinigkeit des breiten Oder-Havel-Kanals. Die Abgeschiedenheit der Ruppiner Gewässer stand im krassen Gegensatz zur Betriebsamkeit und der Kulturgeschichte in Potsdam und den Havelstädten. Das Abenteuer auf der Elbe kam plötzlich und wandelte sich ebenso schnell in die Lieblichkeit der Elde. Am Ende faszinierten die Verträumtheit des Schweriner Schlosses und die Städte an der Elde. Dazu kam der Kontakt zu den Menschen der Region und zu Gleichgesinnten auf dem Wasser. Diese menschlichen Erfahrungen rundeten das Gesamterlebnis ab.

Auf der großen Runde befahren Sie die beiden Flüsse Havel und Elde fast in ihrer gesamten schiffbaren Länge, eine lohnende Auszeit, für die man sich gern auch mehr Zeit nehmen könnte.

Sollten Sie einmal diese Tour fahren, wünsche ich Ihnen ebenfalls spannende Abenteuer und vielfältige Erlebnisse. Vielleicht etwas weniger Risiko bei den Entscheidungen, aber ich bin mir sicher, dass kleine Herausforderungen nicht ausbleiben werden. Das macht ja gerade den Reiz einer solchen Fahrt aus. Auf jeden Fall wünsche ich Ihnen immer die notwendige »Handbreit Wasser unter dem Kiel«, alles andere wird sich lösen lassen.

Literaturempfehlungen zur »Großen Runde«

Die Reisebeschreibungen der erwähnten drei Bootsfahrer:

Bunsen, Marie von: Im Ruderboot durch Deutschland. Auf Flüssen und Kanälen in den Jahren 1905 bis 1915, Hrsg. von Gabriele Habinger, Kapitel I: Havel, Kapitel III aus: Wanderungen durch Deutschland von Marie von Bunsen. Auf mecklenburgisch-märkischen Gewässern 1915, Wien 1994.

Doughty, Henry Mantagu: Mit Butler und Bootsmann. Ein Bootstörn anno 1890 von Friesland über die mecklenburgischen Seen bis nach Böhmen, Rechlin 2009.

Forester, Cecil Scott: Eine Bootsfahrt in Deutschland, Hamburg 1999.

Für den Einstieg in die Geschichte der preußischen Könige:

Ohff, Heinz: Preußens Könige, München 2005.

Empfehlenswert sind die Navigationskarten von Kartenwerft:

Binnenkarten Atlas 2: Mecklenburgische Seenplatte

Binnenkarten Atlas 3: Berlin und Brandenburg

Binnenkarten Atlas 4: Elbe-Hamburg

Für die Auswahl der Liegeplätze waren die Hafenführer sehr hilfreich:

Tremmel, Robert, Drühl, Christin: Hafenführer für Hausboote: Berlin & Brandenburg, Berlin 2017

Tremmel, Robert, Drühl, Christin: Hafenführer für Hausboote: Müritz, Havel, Seenplatte. Die schönsten Häfen und Liegeplätze, Berlin 2017.

Weitere Bücher des Autors

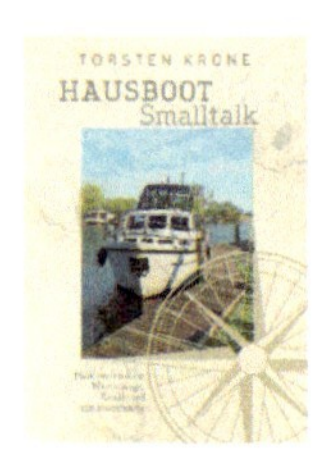

Hausboot Smalltalk

Haben Sie schon einmal mit dem Gedanken gespielt, im Urlaub mit einem Hausboot entspannt über Kanäle, Flüsse und Seen zu schippern? Hausboot Smalltalk vermittelt in einer beschaulichen und erbaulichen Lektüre alles über Wasserwege, Kanäle und den Hausbooturlaub, damit Sie als Skipper oder Crewmitglied sicher unterwegs sind.

Hausbooturlaub in Irland

Erleben Sie die Insel vom Boot aus in einer einzigartigen Perspektive im größten zusammenhängenden Hausbootrevier Europas.
Das Buch beschreibt mit zahlreichen Fotos das gesamte befahrbare Revier von Shannon, Shannon-Erne-Waterway und Lough Erne Seensystem im Überblick.

Hausboot Zeitreise

Kommen Sie mit auf eine Reise entlang einer romantischen Kanallandschaft zu den Industriedenkmalen aus der Zeit brandenburgischer Kurfürsten und preußischer Könige. Fühlen Sie sich wie der Schiffsführer eines Finowmaßkahns, wenn Sie als Skipper eines modernen Hausbootes die zwölf historischen und handbetriebenen Schleusen durchfahren.

Indian Summer auf Hiddensee

Hiddensee ist nicht nur die Insel der Dichter, Denker und Künstler. Hiddensee bietet auch wildromantische Steilküsten, bezaubernde Waldwege, weite Heidelandschaften und blühende Wiesen. Lassen Sie sich mit diesem kleinen Bildband in die Farben und Formen des Eilands entführen und sehen Sie die Schönheit von den Ebenen im Süden bis zu den Bergen im Norden in einem besonderen Licht.

Hiddenseer Tagebuch

Dieses Tagebuch schildert auf sehr persönliche Weise die amüsanten Erlebnisse und Erfahrungen auf Hiddensee mit den regionalen und kulturellen Offenbarungen. Es ist die Annäherung an das besondere Flair der Insel jenseits von Alltagshektik. Damit ist der Reisebericht weit mehr als die Beschreibung von Urlaubserlebnissen. Er ist ein Weg der eigenen Erkenntnis vor dem Hintergrund einer faszinierenden Insel.